日本禁酒・断酒・排酒運動叢書 5

禁酒叢話

長尾半平――著
日高彪――編

慧文社

日本禁酒・断酒・排酒運動叢書の刊行に寄せて

アメリカの所謂「禁酒法」について、鼻で笑い馬鹿にするが如き態度をとる日本人は多い。だが、アメリカの道徳的改良主義に源を発する同法が、結果的には失敗に終わったとはいえ、如何に真摯な問題意識から起こった、人類史上稀にみる「実験」であり「試行錯誤」であったのかを我々は改めて確認する必要がある。日々目の当たりにする「酒害」の問題に、目を背けることなく、世に警鐘を鳴らし、それと戦い続けた慧眼の持ち主は、米国のみならず我が国にも多数存在した。しかも、米国の「禁酒法」より遥か昔、古代からわが国では、「禁酒運動」が細々ながら連綿と続けられてきたという事実は、本叢書第一巻「日本禁酒史」において明らかになるであろう。

本叢書は、そのような先人諸賢の言葉に謙虚に耳を傾け、今後の「禁酒運動」発展の一助となるよう、広く古今の名著を収集して編纂されたものである。「運動」といっても、何もプラカードを掲げて市中を行進するばかりが「運動」ではない。我々の周りの問題飲酒者に注意を喚起し、手を差し伸べることもまた、立派な「運動」なのである。

酒害は真っ先に「人間関係」を破壊するが、酒害からの回復もまた「人間関係」によって齎される。或る種の目的を遂げるべく、国や社会、地域コミュニティー、家族などにおける「人間関係」に一定の影響を与えんとすること、それを広い意味で「運動」と呼んで差し支えないとの理由から、本叢書に「運動」の語を冠した次第である。

本叢書が、我が国におけるこれからの「禁酒運動」を理論的に後押しし、一人でも多くの酒害者やその家族の方々に希望の光が兆すことを祈るばかりである。

平成二十八年十二月吉日

編者　日高　彪

改訂版刊行にあたって

一、本書は一九二八年に発行された長尾半平・著『禁酒叢話』（日本評論社）を底本として編集・改訂を加えたものである。

一、原本における明らかな誤植、不統一等は、これを改めた。

一、原本の趣を極力尊重しながらも、現代の読者の便を図って以下の原則に従って現代通行のものに改めた。

i　「旧字・旧仮名」は原則として「新字・新仮名」に改めた。（例…畫→画、いふ　→いう、等）。

ii　踊り字は「々」のみを使用し、他のものは使用しない表記に改めた。

iii　引用の送り仮名や句読点は、読みやすさを考えて適宜取捨した。

iv　難読と思われる語句や、副詞・接続詞等の漢字表記は、ルビを付すか、一部　かな表記に改めた。

v　外来語、国名、人名など一部の語句を、現代の一般的な表記に改めた。（例…瑞西→スイス、等）

vi　註釈などは［　］に附した。

vii　現代の観点から見ると差別的とも思える表現の使用や学説の紹介があるが、時代性と資料性を考慮してそのままに残した。しかしこれは差別を助長する目的ではない。

慧文社

序

今より拾年程前に出た拙著『禁酒』という小冊子の自序に「禁酒の二字は題字である、緒言である、序である、跋《ばつ》である云々」と書いて置いたことを記憶する。今もなおそう思うて居るのである。慥《たし》かにこの二字は、巧みに美しく書き綴《つづ》られる多くの文字よりも遥かに有意義である。故に本書の題目それ自身が既に雄弁に物語って居る以上は、何もこと更《さら》に雪上霜《せつじょうしも》を添えんとするが如き一文を序するの必要を見出さぬのであるが、唯だこれを公にするに至りたる次第を述べんとするまでである。私の禁酒生活四十有余年のその間における、感想録や実験談、あるいは新聞雑誌紙上に載せられ、あるいは公開の席上に話したるもの、または公務の余暇折々に繙《ひもと》いたる別記二十余冊の書籍を参考として得たる禁酒に関する有益なる面白き材料などを取り交ぜ書き列《つら》ね纏《まと》めて見れば相当の頁数にも上り、空しくこれを筐底《きょうてい》に死蔵し置くことの無意義であるというような考えも起こった。しかのみならず、昨年五十四議会の頃より彼の二十五歳禁酒法案などに対する酒屋連の運動も段々露骨になり、激烈になって来て、現に憲政史上を飾るべきこの度の普選に際しても、愛知県酒造組合連合会の如きは名古屋新聞紙上にれいれいしく「第五十四議会に於いて二十五歳禁酒法案に賛成したる前代議士は勿論法案に賛成せんとする新議員候補者は絶対にこれを選挙すべからずと決議をした」という広告を出して憚《はばか》らないのである。こうなって来ては吾等としても到底黙って居られない次第である。彼等は我が国の運命をその双肩に担うべき第二の国民たる青年の心身がどうなろうと、そんなことなどには頓着しないのは勿論、直接には彼等自身の子弟の幸福も利益も、金儲けの為めには平気で犠牲にせんとする恐ろしい父兄達である。そんな連中には如何に有難い説教を聞かせて見た処でいわゆる鬼の耳に念仏ではあろうが、彼等とて人間の暖かい真っ赤な血が流れて居らねばならぬはずだと自ら励ましても見、且つは同人より切なるすすめの黙止しがたきものもありて、急いで梓に上せることにしたのである。しかし私の本当の希望は過ぎる日多くの人の哀しみと涙の中に逝ける九條武子女史のものせられたる『無憂華《むゆうげ》』の中の「酒の誡《いましめ》」にある老法師を以て自ら任じたいのである。さりとて若き人達が酒のために悦楽の悪夢に酔うてなしたる、時ならぬ争いを裁かんとするのではない。その悪因たる酒甕《さけがめ》を打ち砕きたいのである。そして若き人達をして狂水の鏡に写れる魔の影でない、その純なる真我を見出して、自己に醒《めざ》め自己に生きてその貴き使命に奉仕して貰いたいと思うのである。

今上陛下が摂政宮殿下であらせられたる頃より、その御美徳の数々多き中にも、禁酒を御断行になって我が国青年の儀表《ぎひょう》となり、以て今日に至らせられつつあることを洩《も》れ承って居ったことである。拙著固《もと》より一小冊子に過ぎずといえども、もし許さるるならば、いささか敬慕の微衷《びちゅう》を表せんが為めにこの一本を奉献せんと欲する一片の赤誠禁ずる能《あた》わざるものあったことを謹んでここに併記して置く次第である。

昭和三年梅の咲く頃東中野の邸において

長　尾　半　平

参考書名別記

書　名	著　者
Alcohol and Prohibition.	Victor D. Vecki, M. D.
Prohibition at its Worst.	Irving Fisher.
San Francisco Relief Survey.	The Russel Sage Foundation.
Sobriety.	Edgar Cole.
Anticipation.	H. G. Wells.
Prohibition and its Enforcement.	The Annals of the Amer. Academy of Pol. & Soc. Science.
America Comes of Age.	Andre Siegfried.
Christian Churches in the Modern World.	Raymond Calkins.
The Myths of Greece and Rome.	H. A. Guerber.
Self Discovery of Russia.	[James Young] Simpson.
The Life of Abraham Lincoln.	William E. Barton.
The Evolution of Prohibition in the U. S. A.	Eanest H. Cherrington.
The City of Trouble.	Meriel Buchanan.
Town and City.	Francis Gulick Jewett.
Dance of Life.	Havelock Ellis.
Psychology of Relaxation.	G. T. W. Patrick.
Temperance Problem & Social Reform.	Sharwell and Rawntree.
Woman Suffrage and Politics.	C. C. Catt & N. R. Schuler.
Les Maladie des Sociétés.	Dr. J. Hericourt.
Encycropedia Britanica.	
『古今禁酒大観』	金澤来蔵氏

目次

驢馬の頭

　バルカン半島の住民の大部分を占めて居るユーゴ・スラヴ種族の間に、一つの面白き昔話が伝わって居る。「昔時その種族が水草《すいそう》を逐《お》うて転々して居った遊牧時代に、ある処で葡萄《ぶどう》の樹の嫩芽《どんが》を見出した。彼等はこれを小鳥の脛骨《けいこつ》の穴に植えて持って歩いた。生長するにつれて、これを獅子の腿骨《たいこつ》の中に移したが、段段大きくなったから更にこれを驢馬《ろば》の頭蓋骨に植え替え、遂《つい》にはこれを大地におろさなければならなくなった。ここに葡萄の樹は処を得て茂った。実った。彼等は喜んで沢山葡萄を食べたが、食べ切れないから貯えた。すると自然の醱酵《はっこう》作用によって葡萄酒が出来た。彼等はこれを少し飲んだ。小鳥の如く歌い始めた。モット飲んだ。獅子の如く暴れた。ウント飲んだ。驢馬の頭の如く莫迦《ばか》になった」というのである。日本人はこれを野蛮民族の昔話として一笑に附し去る資格があるであろうか。昔どころか今もなお、その獅子の如く暴れたり、驢馬の頭の如くなった人士を以て充たされて居る我が国の社会にては、なかなかにこれを笑う資格はないと思う。而して我が国の社会では、獅子の如く暴れて居る連中はまだしも、驢馬の頭のようになった人、もしくはなりつつある人に指導さるるのであるから、やりきれないではないか。ある時、鉄道省の監督局長の処へ内務省の衛生局長がやって来て二人で話をして居った。するとその室へ這入って来た某代議士が即座に皮肉って「イャー非衛生局長と被監督局長との会合ですな……」とやった。この二局長は当時敏腕の聞こえ高き人なれども共に大酒豪にして、しばしばユーゴ・スラヴのいわゆる驢馬になってはその友人達に厄介をかけて居るのをスッパ抜いたのである。ことにその内の一人の如きは頭もよし腹もあって大いに嘱望された男で、その後某省の次官ともなり、また日本第一の会社の副社長ともなったが、いつもこの驢馬がつきまとって暗き影を投げて居ったのみならず、遂に先日大地に移されてしまったのは惜しみてもなお余りあることである。今日日本の顕要《けんよう》の位置にある人にしてその職責上よりの言葉とその躬行《きゅうこう》と伴わないものは朝野その類例に乏しからず、決して二局長に限られないのである。なかんずく世の人に欲を捨てよと教えつつ、後から拾って歩み行く僧侶や、小供等に徳を磨けと教えつつ、生きた教科書たるべき教員が三面記事に醜態をさらすなどはその最も著しいものと思う。而してその原因の多くは直接間接に酒が禍いして吾国の社会の風紀を頽敗《たいはい》せしめつつあるというに至っては、吾等また何をか言わんやである。ここに私をして、もしユーゴ・スラヴの昔話の作者であらしめたならば、更に追加したい一事があったのである。それは彼等が驢馬の頭蓋骨より大地に移植したという意義をなぜ学ばなかったのであろうかということである。ユーゴ・スラヴは酒を飲むと遂に驢馬になることまでを知って居ったが、更に多く飲みつづけると遂に大地に移されなければならぬまでに最後の運命の帰結を学ばなければならぬのである。国家多事多難、さなきだに人物の払底《ふってい》を感じ、不世出の才を翹望《ぎょうぼう》して居る今日、その天寿を全うせずして酒のために夭折して行くとは勿体なき話にして、本人に取っては「死ぬのは脳溢血《のういっけつ》に限る」などと呑気な言い分もあるかは知らないが、国に対し、家に対し、人に対し、不忠実この上もなき次第ではあるまいか。ある外国人が日本の新聞を手にし、その広告のほとんど全部が酒と化粧品と売薬と黒枠附の広告で満たされて居るを見て「お国の人酒を飲みます、化粧をします、病気をして薬飲みます、死んで黒枠附広告をします」というたとの話がある。たしかに一面の事実を物語って居る。「飲みながら酒の害しるその頃はやがて知る甲斐あらぬ頃なり」である。

ノア方舟を出でて後

昔ノア方舟より出でて後農夫となりて葡萄園を作ることを始め、葡萄酒を飲んで酔い、天幕の中にありて裸となれりと創世紀に書いてある処を以て見ると、酒は既に人類創造の初めより付き纏《まと》うて来た罪悪とその歴史を同じうして居るというてよろしいくらいである。「猿酒」というて猿が山中の果実を集めてこれを貯え、自然の醗酵《はっこう》作用によりて造るものがあるという話も聞いて居る。先年米国のある州で専ら問題となった進化論と宗教の信仰との争論が裁判沙汰までも惹き起こしたこと〔一九二五年スコープス裁判（テネシー州）〕もあったが、もし人類の祖先が猿であるとすれば、酒は人類以前よりのものであるとも云い得る訳である。そこで人間がどうしてこんなに酒がすきなのであるかということに就いて昔から種々と議論もされ研究もされたことではあるが、要するに

（1）酒にはエチル・アルコール（C_2H_6O）という一種の芳香を有するということ。なるほど酒飲みの多くはその香気だけでも既に精神恍惚とするというが、よくよく研究して見れば、酒

飲みはその芳香を嗅いで居ればそれで満足出来るのではないことは明らかで、やはり一種の連想に過ぎないことが判った。

(2) 食物的価値のあるということ。なるほど日本の酒に就いて見ても米から造るのだから米のエキスだ。故に多量の米を食うより少量のエキスを飲んでる方がいいのだなどと曲解を試みる連中もあるくらいだが、これはドクトル・サリヴァン [William Charles Sullivan] の著『アルコール中毒』[Alcoholism :A Chapter in Social Pathology] の中にも、その他多くの医学界の権威によりてその原料たる米、麦、葡萄を食することは必要であるが、そのいわゆるエキスは有害なることを説き尽くされて居るのである。

(3) 興奮剤として必要であるということ。これも一時の現象よりは似て居るけれども、麻痺《まひ》作用であることが判明して居る。日本の軍人などが突貫の際興奮剤として酒を用いた時代もあったが、何時も失敗に終わって反対の結果を証拠立てた。

(4) 身体的能率増進に有効なりということ。なるほど一時は体力にも増進的現象が見えることなれど、しばらくすれば平常よりもその力は減少し、かえって損失を多くするに至る。ドクトル・ホッジ［Clifton Fremont Hodge］は動物試験によって精細にこれを証明して居る。
（5）精神的能率増進に有効なりということ。酒飲み、ことに癮者《いんじゃ》のようになった人の中には、酒の気のない時は何等活動が出来ないけれども、酒を飲むとまるで別人のようになって精密な仕事も出来るという人がある。これは病的現象であって、あたかも普通の健康体とは正反対に表顕《ひょうけん》するのであるから、遂にその当然の結果として仆《たお》れるまでである。その他社交心、親睦心を起こさすに利益ありとか、あるいは慰楽、満足、安易を与え、苦しみを忘れ疲労を医し恐怖から免れしむるなど、種々なる説をなすものなきにあらざれども、これ皆脳の中枢の一部に麻痺作用を起こすために生ずる一時的現象にして、決して真正のものでない。酒の影響がなくなれば、酒を飲まぬ前よりはかえってその度を増すまでであるということが証明せられる。斯くの如くして、どの点より見ても酒の有害無益なることが証明せられて居るのみならず、各自の体験によるも、その周囲に起こりつつある日々の出来事に徴するも、あまりに明白のことであるのに、どうして酒がやまぬのであろうか。酒飲の数が減少しないのであろうか。不思議といえば余りに不思議と云わねばならぬ。米国アイオワ大学のパトリック［George

Thomas White Patrick] 教授はこの関係をその著『弛緩の心理《サイコロジイ・オフ・レラキセーション》』[The Psychology of Relaxation] の中に面白く、また徹底的に説述して居る。パ教授の説く処によると、文明は間断なく人に対し緊張、興奮、努力を要求するの結果、現代人は神経の疲労その極度に達し、これまでならば相当に休息し、また一晩眠れば翌朝はチャンと心身共に回復してその日々の活動を継続して行くことが出来たのが、今日の社会に在ってはなかなか一通りの奮闘くらいでは常に劣敗者の群に伍するまでであるから、非常の緊張を要求さるるので、遂に斃倒《ブレーキダウン》と知りながらもこの文明の圧迫に盲従的に引き摺《ず》られて行くこと、あたかも惨酷《ざんこく》なる御者に鞭《むちうた》れつつある馬車馬が、遂に斃《たお》れると知りながらも走り続けさせらるると同一である。しかし人間が生きて居るからには朝から晩まで活動すれば遊びたくも、休息したくも、眠りたくもなるのは生理的に弛緩作用の要求であるが、文明の圧迫がその鞭を緩めぬ限り、普通の休息や睡眠以上に何か一時的であろうが変態的であろうが急激的であろうが救済的弛緩を欲するに至るのである。畢竟《ひっきょう》遊技とか運動とかいうは、この弛緩作用の具体化であるから、駈けっくらをする、角力《すもう》をとる、狩りに出かける、漁《すなど》りをする、球を投げる、山に登り、水に泳ぎ、湖水に浮かび、森林に遊び、野宿をするというが如きは、皆原始人や子供等がすることであって、脳の中枢の極めて低級なる部分を働かするに過ぎないから、その間は高級中枢は全然休息することになるのである。もし右のように原始的の働きの代わりに事務所や製造所や銀行や学校の業務に類することを繰り返しては、日常の煩わしき生活の延長に過ぎぬのであって、脳の高級中枢は依然としてその働きを続けることになって、何等の休息とならぬのである。現代人はどうかしてこの文明の圧迫から脱れて安息したい、休養したいのは自然の要求であるが、事情が許さないために種々にあせりもがくので、神経はますます殺伐になって来て病的現象を呈するに至り、喧嘩をする、酒を飲む、放蕩をする、賭博をうつ、甚だしきに至っては人殺しまでをするようになる。これ皆変態ながら急激なる一時的弛緩作用をするのである。如何となれば、例えば酒を飲むと脳の高級中枢が麻痺されて低級中枢が働くのであるから、実に野蛮人の如く子供にまで笑わるるような言行を敢えてするもので、あたかも遊技などの場合に似たる現象を呈するから弛緩休息の如く感ずるのである。しかも遊技や運動の場合は真の休息であるが、飲酒の方は一時的の麻痺作用の結果であるから、醒むればかえって飲まぬ前より疲労を加うることになり、再び麻痺剤の御厄介にならなければたまらなくなるのである。パ教授は更に今日の世界的流行となって居るダンスなども、あるいは悲惨なる国際間に勃発する忌まわしき戦争なども、弛緩要求の拡大されたものに過ぎぬのであると喝破して居る。パ教授は更にその結論に於いて、これを救済するには生活の習慣、社会生活の方法、青年教育の方法を一変するより外に良法はないとて（1）戸外生活を多くすること（2）なるべく乗り物を少なくして徒歩を奨励すること（3）昔の遊戯競技や漁釣狩猟に復帰し（4）都会生活の代わりに田園に帰り（5）土地を耕し家畜を飼養し（6）休日やお祭り日などを多くし（7）読書の分量を少なくし（8）穏かな音楽を以て刺激的な芝居や活動写真に代え（9）最後に美術や宗教の如き人心を平静にする感化を多くすること、の数項を掲げて居る。如何にも人間の心理に触れたる面白き意見であると思うが、この救済方法は果たして実行可能であろうか甚だ疑わしい。パ教授の現社界の疾患に対する診断はさすがに名医も跣足《はだし》であるが、その処方箋を見るとこの人間社会では得られぬ薬剤を盛ってあるように見ゆる。如何となれば仮に日本だけが真面目にこの方法を励行したとしても、欧米がその連盟に加入しなければ日本は生存競争にまけてしまわなければならぬ訳になり、また日本一国だけとしてもこれを実行することは不可能なる問題であって、つまり学究的価値を認むるの外はないことに帰するのである。然らばどうしたらばよいか、他に方法がないのであろうか。そこになるとギゾー〔François Pierre Guillaume Guizot〕がいうて居るように、「すべての政治的および社会的問題はその究竟的解決を宗教的原理に訴うるものである」ということになる。宗教家の常に叫んで居る処のものは、つまりこの究竟的解決であって、どうしても信念を基礎とした根本義に触れたものでなければ完全なる心身の弛緩作用は行われぬのである。本当の信仰を有《も》ったものは皆、日常の体験からこれを自分で証明し得るのであって、何を苦しんで酒を飲んだり放蕩三昧に浮身をやつす必要もなく、文明の圧迫を呪うどころか毎日これを讃美しつつ感謝の中に奉仕の生涯を送り得るのである。しかし、ここには宗教を説くのでないから、本論に立ち戻って酒に関する問題にして見ると、米国においては一八二六年にボストンにおいて米国禁酒会が始めて組織されてより（もっとも制限的禁止に関してはずっと遥か三百年も遡《さかのぼ》るものなれども）一九一九年に憲法を修正して禁酒令を布くまでには、幾多の研究もあらゆる方法も尽された上のことであって、吾等は太平洋の彼岸に発表されたるこの価高き実験成績を学ぶことが最も賢明なる方法ではあるまいか。固《もと》より宗教家が人類同愛の主義に燃えて人の霊魂を救うと共に、かかる社会的罪悪に向かって悪戦苦闘を継続してくれられつつあることを多しとするのみならず、最後の完成は信念の発現に伴うものであると信ずる一人であるけれども、飲酒の習慣の如きは、なかなか俗にいう虱潰《しらみつぶ》しの方法では日暮れて途《みち》遠き憾《かん》あるまでのことであるから、明治の初期における阿片に対する禁令の如く殺人強盗に対する刑罰の如くして、法の力を以て取締らなければその徹底を期することは出来ないのである。

（「ゴルディアン・ノット」の章参照）

日本は今英国の十七世紀頃

洋の東西を問わず、時の古今を論ぜず、飲酒はその固有の習俗をなしているので、英国の如きも十七、八世紀の交までは、飲酒するものが多数にあった。かつてジョージ三世［George Ⅲ］が、その近侍の重臣に向かい、「卿は葡萄酒の一杯くらいは飲めるという話を聞いたが」と言われた時、重臣これに答えて、「陛下よそれは迷惑至極でございます。その一杯と仰せらるるは、一罎《びん》の間違いでございましょう」と申し上げたという。またフィリップ・フランシス［Philip Francis］が、特別なる饗宴にもあらざる時に、友人と二人にてシャンパンと葡萄酒とを約四升も飲み乾したと言うが如き、その他にも今日の英国の社交界より見れば、何人も容易に信ずることの出来ないような、飲酒に関する沢山な逸話が伝わっているのである。しかし現代の欧米の実況を観ると、斯かる馬鹿飲みをする儕輩《さいはい》は、ほとんど発見し得ないのである。もし稀にありとするも、それとて公然飲むのでなく、人目を忍んでの隠れ飲みであるから、公衆の前で醜態を演ずることはない。欧米では乗客を取扱っている馬車の御者とか、自動車の運転手とか、人の生命と財産とに直接の関係を有する職務を執っているものが、もし酩酊して居って警官に発見さるるときは直ちに違警罪に問われ、罰金刑の制裁を受けるのである。米国の鉄道会社などには、禁酒令実施のズット以前より飲酒する者を採用せない規定になって居る。米国故大統領ウィルソン〔Thomas Woodrow Wilson〕は、かつて鉄道青年会の晩餐会の食卓において、「自分は鉄道従事員に対して第一に注意を払うことは、その人が酒を飲んで居るか居らぬかということである」と話されたという。先年〔一九一六年〕、東北の古間木《ふるまき》汽車衝突事件の如きも、当務助役が、駅前の宿屋でその主人と娘を対手《あいて》に、四合罎を四本までも傾けた後に、突発した出来事であったようである。また京阪電気鉄道でも大正六年の正月に、惨状を極めた衝突事故〔枚方駅、現・枚方公園駅の事故〕があったが、これも「酒」故の信号無視ということだ。いやしくも鉄道現業員として、この如き怠慢、この如き失態ありとは、その職責上決して許すことはできぬ。従業員たるものは、自己の責任を重んじたら、人から注意を受けずとも、酒を飲まぬが当然であるにも拘わらず、未だその自覚に達する者の尠《すくな》きは真に遺憾の極みではあるが、政府当局としても、これだけ明確に証拠の挙がって居る鉄道事故と飲酒関係に就いて覚らないはずがないのに、今に何等これに関する取締令を発しないで、単に各部局における上官の自由裁量に一任して置くのは、了解に苦しむ次第である。欧米の社交界では、「自分は酒を飲みませぬ」と言えば、必ずそれを強いないが、日本では飲まぬと辞退しても承知せず、手を押え、口を開けさせて、無理やりに酒を注ぎ込もうとする連中がまだ居るのである。酒飲みの常套語として、「昨夜は飲み過ごして失敗してしまった」と、人の前で臆面もなく放語して居る。彼等は酒を多量に飲んだのを、寧ろ名誉であるかの如く心得て、それを吹聴がましく公言して居るのである。しかし我が社会の一部分にも、確かに進歩したる考えを持っている人々の存在するを認めてはまた心強く思うたこともある。某子爵は私に対い「先日は非常なる恥辱をやった」と言われるから、「何んなことで仏《ござ》いましたか」と聞けば、「いや別に喜劇を演じた訳ではないが、平生用いない酒を一、二杯飲んだため、思わず居眠りが出た」と。某子爵はこの居眠りを非常な恥辱と思われたためであった。欧洲では卓上で酒を用ゆることは差し支えないが、体形を崩し、居眠りをするような失態があれば、社交上非常な恥辱とする習慣になっている。しかし日本の社交界においては、斯かる立派な考えを持って居る方が、暁星の寥々《りょうりょう》たる有様である。日本の個人道徳観は、一面から見ればすこぶる厳重であって、場合によるとほとんどその極度に失して、滑稽に近いものもあるが、公共道徳になると、実に大いなる欠陥を現わしているのである。汽車の一、二等室などの乗客が、自己の毛布を引き伸ばして、その上に「大の字なり」に寝転んだり、手荷物を側に置いて広い坐席を独占して、他人に腰を掛ける余地を与えず他の迷惑をも顧みずして、白河夜船《しらかわよふね》をきめ込んで居るなぞは、最も利己主義の甚だしいもので、一般の旅客がために多大の迷惑を感ずるのは申すまでもなく、鉄道従事員の側にあっても非常に困って居るのである。酒に就いても同様の考えを持つ者があって、「自分は酒を飲んでも、少しの害も受けぬから差し支えない」と言うて、国家も社会も眼中にない連中が多いのは洵《まこと》に困ったものである。要するに今日の日本の社交界は、まだ英国の十七世紀頃に於けると同様な程度においてあるのであるまいか。

日本には統計がない

欧洲においては余程以前より「民族衛生」という研究が行われて居る。従来多く説かるる衛生とは、斯かる摂生法は身体の健康上必要であるとか、流行病は斯くして防遏《ぼうあつ》するとか、いずれも個人を本位とし、あるいは市町村その他の団体を標準として、講究し来たものであるが、この「民族衛生」というのは、民族全体の衛生につき、その歴史に溯り、その統計に基きて、深く広く、根本的に研究するのである。

人生五十、七十は古来稀である。よし百二十五歳まで生き延びたところが、竟《つい》に一度は死なねばならぬ、有限の生命である。しかし国家の生命というものは個人のそれの如くに、解釈は出来ないのである。然るに世界各国の歴史を按じて、一盛一衰、興れば必ず亡ぶるが常態であるという処から、皮相的な観察を下して、国家もさながら人生の如く、これに青年、壮年、老年の時代あるが如くに考え、外国より帰朝したる人々が、往々欧米諸国の文明の程度を、年間に見立て、例えば英国は五、六十歳、ドイツは三、四十歳、仏国は六、七十歳、米国は二、三十歳などと批判するものなどあるが、しかし国家の興廃には、必ず由って来るところがあるから、幾年を経過したゆえ、必然的に滅亡すると速断することは出来ないのである。例えば「民族衛生」の研究によるとギリシアのアテナイの滅亡したのは、衛生思想が発達しない時代にあって、マラリア、ペスト等の伝染を防遏《ぼうあつ》することの出来なかったに因由《いんゆ》したのだという。然れば「民族衛生」を適法に処理して行くことが出来たら、国家は決して衰亡しないという結論に達するのである。そこで世界各国の人口の増減を見ると、欧洲では年々人口増殖の歩合が減少する傾向あるに反し、支那人やユダヤ人などは、その割合が増加しつつあるのである。これには種々なる原因もあるだろうが、要するに欧洲の人民が多く飲酒することと、支那人やユダヤ人が飲酒の分量の少ないことに帰着するのではあるまいか。殊に仏国の人口の著しく減少するのはその酒害の影響が原因の主なるものなることが幾多の事実から証明されるというのである。要するに飲酒の分量が多いと、乳の出る分量が減って来る。乳が少なくなると、子供の発育に影響して、その寿命を短縮し、人口は減少するに至るというのは単なる一例に過ぎないが、睹易《みやす》き道理である。これらがすなわち「民族衛生」の範囲で、専ら研究している問題である。先年出版されたる今の首相田中［義一］男爵（時の参謀次長であった）の著『社会的国民教育』の中に、我が国の徴兵検査の結果によれば、壮丁《そうてい》の体重平均、甲種合格者の割合等、年々減少しつつあることは、国家の前途由々しき大事であるという事実を公にされたが、もし、ここに精確なる統計資料ありて「民族衛生」の研究を重ねることが出来たら、其処に必ず飲酒の害に原因するものあるを見出すに難からざるべしと思われるが、何分《なにぶん》日本には統計の信頼すべきものが少ない。ことに飲酒の害に関したるものなどは殆どないというて宜しい。ある時陸軍が統計をとって見たらば、酒を飲まないものは皆身体が弱く、酒を飲んで居るものは皆強いという結果を得たので、よくよく更に調査して見ると、今飲んで居らないものは皆以前には乱暴に酒を飲んで飲み尽したために、健康を害し医師より厳重に警告せられて、遂に止むなく禁酒したものので、今盛んに酒を飲んで居るものは、まだ医師から禁止されない程度のものであったことが分かったという滑稽な話もある。私が鉄道局長時代に非常に頭をいためた問題は、鉄道事故を出来るだけ少なくしたいことであった。故に事故のあった度毎にその原因に就いて調査をさせたが、中に立ち入って調べないと真相に触れない。前の章にも述べて置いた古間木駅の惨事などは、当務者たるもの酒のために職務を怠りたることがよく分かったけれども、多くの場合は、そう簡単に分からない。例えばある処に衝突あるいは脱線の事故があったというから調べて見ると、信号無視であったとか、転轍器《てんてつき》の異方転換だとかいう。その原因はというと疲労のための睡眠の結果だという。大抵はその辺で統計の材料としては打ち切られてしまうのが普通である。然るに更に踏み込んで、どうして疲労したのであるかと調べて見ると、前日の休養時間を友人と一緒に酒を飲み遊び過ごしたということが分かる。あるいはまた父とか兄とかのために借金を負わされて居って、その休養時間も休まずに働かなければ借金を返すことが出来ないからだという、誠に気の毒な話になるが、今一度深入りをして調べて見ると、その借金はその父または兄が酒を飲んで道楽した為めに出来たものだという。これは随分廻りくどい間接の原因の一例をお話したのに過ぎないが、飲酒の害などの研究資料は心あるものが熱心に忠実に探して調査するのでなければ分からないものが多いのである。米国の酒害統計のような精確なるものを得るまでにはまだ距離があるとしても、日本でも今少し研究して見たらば大和民族のため胆を寒からしむる酒害材料を提供されることと思う。

言に敏行に訥

現代の青年を如何に指導して行くべきものかは、当面の大問題である。これについては教育家も政治家も常に心を悩まして居るようであるが、見渡すところその青年の指導法が、まだ根本に触れていないようである。先年、閣班《かくはん》に連なっていられた某氏は、当時全国における二万八千有余の地方青年会の代表者を招集し、その席上において一場の訓示を試みられたことがあった。その訓示の言葉は、今明らかに記憶して居らぬが、その要旨は確かこうであったと思う。「今日、各地方にある青年会は二万八千有余、その会員の数においては三百万人以上実に盛んなりと謂うべきであるが、しかしその内容は大いに寒心すべきものがある。それ故に地方青年会は、今後一層、奮励努力して、会員の道徳的生命を興起しなければならぬ」云々。私はこの訓示を読んで、固《もと》より何等異議を挟むべき余地がなかった。あたかも天地開闢《かいびゃく》の初めより「人間は善を為すべし、悪を為すべからず」との原則に対して不同意がないと同じように異存のあるべきはずがない。しかしこの訓示がどれほど地方青年の道念を振起するに効力があるだろうかという点に至っては、ハヴロック・エリス［Henry Havelock Ellis］の書いた『人生の舞曲《ダンス・オブ・ライフ》』［The Dance of Life］の中に「世に倫理道徳を題目として書かれた書物ほど多いものはないが、またその書物ほど無効力無価値のものはない」と喝破してあったような記憶を呼び起こして大いに物足らなく感じた次第である。人間は昔からこんな道徳の原則は、耳に蛸《たこ》のできるほど聴かされていて、例えば君に忠を尽くせ親には孝を尽くせということを、ただそれだけの言葉を幾回繰り返して見たところで、個人として国民としての道徳が見ちがえるように高まるものでない。かつて二宮尊徳翁の愛顧を受けて居た一儒生があった。ある時泥酔して路傍に横臥《おうが》したることありしが、これを見たる子弟等その翌日よりその教えを聞かないようになった。儒生憤りて翁に訴えて曰く「自分の行いの修らざりしは云うまでもなきことなれど、自分の説く処は聖賢の書であるのに、これを聴かざるの理由を解するに苦しむ、宜しく説諭していただきたい」と。翁答えて「ここに米飯《べいはん》を糞桶《ふんとう》に盛って人に侑《すす》むるものありとしたら誰かこれを食うものあるであろうか。米飯固より清浄なるものなれど、糞桶に盛りたるの故を以てこれを食わぬのである。これと同じ道理で、君の説く所は聖人の道に相違なきも、単にその口腹を養うために食客となって居るだけの糞桶たる君の口に盛るが故に、人これを食わぬのである、教えを受けぬのである」と半ば諭し半ば警《いまし》めた。儒生は深くその非を悟り、その過を陳謝して去ったと云う。また、ある時翁が白紙へ筆太に豆という一字を書いて、それを弟子に与えて言うよう、「これを馬に食わして見よ、食うどころか恐らく馬はこれに振り向きもしまい。もし本当の豆であれば、確かに喜んで食うに違いない。紙上の豆の字が如何に立派に書いてあっても、馬に取っては何にもならぬが、一摑みの豆ならば馬を養うに足るのである、貴様達の空理空論を弄するすべて斯くの如し」と。我が国朝野の名士代表的人物の中にも往々にして尊徳翁に戒めらるる資格者の多きを悲しまざるを得ないのである。例えばこれらの人々が、政治に関する意見を発表する場合でも、最近までは「外交を刷新し、内政を整理し、官紀を振粛《しんしゅく》し」云々くらいが関の山であった。政党政派の別ある間柄でも、誰一人かかる原則的の宣言に反対する者はない。しかし如何にしてその目的を成就すべきかを論じてこそ、始めて政綱の発表と謂うべきであろう。要するに彼等はその実行方法については、何事も語らないのである。この頃の勤倹奨励の問題にしても、総理大臣より、また内務大臣より、地方長官より、市町村長へというように口移しに訓令、内訓、達示の連発や勤倹奨励の宣伝を繰り返しても、幾度か勤倹週間などを設定しても、何ら効果の見るべきものないのはどういう訳であろうか。加藤〔高明〕内閣成立の初め頃だと思うが、閣議や地方長官会議の午餐晩餐等には一切酒類を出さなかった。また官吏の出勤時間を励行してこれまでは昼頃でなければ出て来なかった次官局長連まで早出遅退の精勤振りを発揮された。国民はその真面目さに対して嘱望せずには居られなかった。国民は月並的に発表せられたる政綱などの美文章よりは寧ろ、一歩たりとも実践躬行のある物に対し感謝せずには居られなかった。然るに予算会議の難関を切り抜け、丸くまとまったからの祝杯だとてまた飲み始め「吾禁酒破れ衣となりにけりそれついでくれやれさしてくれ」と蜀山人《しょくさんじん》から冷評される次第となってしまった。恐れ多いことではあるが今上陛下には厳重に禁酒禁煙を励行して在らせられると承る。御健康上よりの御注意のほどもさることながら、単にそればかりにて在らせらるまいと拝察さるるに、御側に在るものはその尊き御心を体するものの少ないためか、多年の恒例とはいえ御慰労の為めとて、各大臣等へ四斗樽一挺ずつを下賜された。頂戴いたものはその光栄に浴した記念にとて、その側に立って写真を撮った。

その写真が折も折り年末年始の虚礼を廃し濫費《らんぴ》を節約しようではないかと府、市、商業会議所などの連合の相談をして居る頃大阪朝日に出たのを見た。その他朝野の云わば代表的のお方々の酒や道楽に関する不謹慎さも遠慮なく三面種に提供せられる。かかる雰囲気の中において人にのみ多きを責むるが如き言葉の奨励、いかにそれが雄弁でも権威がないのは当然のことである。聴衆は勤倹奨励演説会場よりの帰り途、異口同音に「俺達はこれ以上にどうする余地はない。節約とは五色の酒を飲んで贅沢三昧に浮身をやつして居らるるアチラ様のことだ。お手元拝見とでも云いたくなるじゃないか」と話し合って行くものもあれば、また、ある雑誌紙上に電花という人の「若槻〔禮次郎〕（当時の内相）と宇佐美〔勝夫〕（当時の東京府知事）の君が大わらは勤倹さけぶ自動車の上」という狂句が載せてあるという有様。最早、今日の青年は奉書の紙に書いた祝文朗読的な修養講演などに慊焉《あきたら》ないのである。白紙に書いた豆の字のような誠意の伴わない、しかもこれを糞桶に盛って出される勤倹奨励などはアッピールしないのである。教育の当局者は、最もこの辺に留意して貰う必要があるだろうと思う。

ある生命保険会社の重役

禁酒運動に関する寄附金を募集するために、市内における第一流の生命保険会社を訪《みま》い、その重役に面会して「私は貴下の会社へ寄附して貰いに来たのであるが、しかし慈善の目的にするもののように無心するのではない。全然業務的《ビジネスベイシス》に相談に来たのであると申してもよかろうと思う。この禁酒運動が直接にも、間接にも生命保険会社の利益になることは申すまでもないから少し投資されては如何と勧誘に来た訳である」と言ったら、その重役は不思議そうな面持ちであった。そこで私は、欧米の生命保険会社では業務上の必要より酒の害の寿命に及ぼす関係を研究して精密なる統計の発表されて居ることを丁寧に説明したのであった。

この重役は一種の活眼をもって世相の表裏を達観し、内外の事情にも精通して居る人で、何事にも相当なる意見を有って居る人であるから、よもや欧米の生命保険会社であれほど努力して居る酒の問題を知らざるはずはないとおもうのに、私に対しては、極めて不合理な飲酒論や、会社側の被保険人の健康について冷淡であることなどを述べて、顧みて他を云うような話をして居った。後で考えて見ると、これはある意味の寄附金撃退政策ではなかったかとも思われど、本人は平気で下の如く説き出した。我が国の生命保険会社が、結核のために死亡する被保険人に対して支払う保険金は、一ヶ年実に三百万円に達して居るのである。然れば結核の予防研究は会社に取りて実に大いなる利益を得る訳であるのに、その結核予防研究に対してすら、スッタモンダを言うて碌《ろく》な補助もして居らないくらいだから、まして禁酒運動などに対しては殊に冷淡であるのは御察しを願う。しかしこれは別問題として自分は酒について三つの意見を有して居るとて、次のような議論を聴かされた。

（1）酒は多量に飲むならば有害に決まって居る。けれども少量にこれを用いるならば、健康に害はないのみならず、ある場合には必要であると思う。

（2）一日膏汗《あぶらあせ》を流して働いて家に帰り、食前の晩酌一杯にその日の疲れを忘れんとする労働者の左の手から盃を奪わんとするはいかにも残酷である。

（3）それほど酒が人身に有害であるならば、何故に医学界の権威より、その有害なる証明を学理的に発表しないか云々。

もしこんな幼稚な議論を米国あたりでやったらば笑われる所か驚かれるであろうが、我が国では一人や二人からでない随分多数の意見を代表して居るようにも考えらるるから、一応説明して置くのも無用でないと思う。米国に於ける過去五十年間の統計に拠ると、少しばかり酒を飲む人でも禁酒家より十二年だけ生命の短縮されていることを証明して居るのであるが、日本においては営養《えいよう》研究所長の佐伯《さえき》［矩《ただす》］博士が節酒無害論を発表したとて、左きの仲間は鬼の首でも取ったように持ってまわるようだ。私も親しく同博士の意見のある処を叩いて見たことがないからよくは分からぬが、人体の如何によりては単に衛生上の見地よりすれば一杯や二杯の酒で害を受けない者もあるであろう。しかし百人百種である上に自分一人としても今年の身体は去年と変わって居るはずではないか。して見れば博士はただ生理学上よりの学究的意見を発表されたに過ぎないものではないかと思う。故にこれを実際に適用するにはその人に就いてその日その時の健康状態を診察して、甲には一杯乙には二杯と免許状を附与するにあらざれば無害を保証すること不可能であろう。つまり出来ない相談である。しかのみならず、酒は独り衛生上よりのみ立論することの出来ないほど、社界幾多の方面に関係を有するのである。また労働者より唯一の慰めを奪うのであるということに就いては「涙と酒」の章にミス・ディンリンの演説にある「彼等の家庭の涙を乾かすのである」のであって、現に労働団体の機関雑誌もその社説に禁酒論を力説して居るくらいである。「汝等もし地獄に行って見たければ須らく大酒飲みの家庭を訪うべし」とムーデイー〔Dwight Lyman Moody〕が言うのもこの辺の消息を雄弁に物語って居るのではあるまいか。而して医学界の権威としても、片山〔国嘉〕博士の如き、大澤〔謙二〕博士の如き、林〔翁〕博士の如き、松浦〔有志太郎〕博士の如きは痛切にその害を論じて余す所なきようにも記憶するが、それでも満足出来ぬとすれば欧米の科学的研究の結果を発表されてあるものも沢山ある。いわゆる「医者の不養生」で自分が酒杯に親しんで居る「てれかくし」に、患者に対しウイスキーや葡萄酒をすすめる薮医者《やぶいしゃ》もないでもないようだが、いかに彼等でも海一つ越えて彼方の医学界にその迷論を発表する勇気はあるまい。保険会社も近頃眼が覚めて来たのか、但しそう金が入らないで有効だとでも思ったのか、昨夏少しコレラの流行りかけた時、保険協会の玄関の側にこの如き張り出しがあるのを見た。「当所において午前何時より午後何時までコレラ予防の注射を無料にて致します」。

彼等としても決して愚かでない。当然そうあるべきであるが、かつてグラッドストーン〔William Ewart Gladstone〕の言うたように「戦争とコレラと飢饉の三のものを加えたよりも、もっと大なる害がある」という酒のためには何故に投資を惜しむのであるかが不可解な点である。先年、森本駿《もりもとしゅん》という、かつては代議士もやったことのある男が『酒量大観』を著し、また木村鷹太郎《たかたろう》という人が『酒の讃美』と題する冊子を公にして、共に酒の利益を出鱈目にまた無遠慮に発表したものであるが、まず東洋式豪傑気取りで「地は雨を飲んで肥え、海は河を飲んで大に、人は酒を飲んで偉」などと寝言をいう狂客か、もしくは唐土の飲中の八仙見たような人ででもなければ、喝采はしないであろうと思われる。

酒《バッカス》の神の話

ギリシヤの神話の中に出て来る神々の中には、バッカスという酒の神がある。このバッカスは大神ジュピターより生まれたのであるが、それには、次のような経緯が記載されてあるのである。ジュピター大神は、正妻にジュノーという女神がある外に、セメレという女を寵愛して、何時も人間の姿をして通って行った。それを知ったジュノーは嫉妬を起こして、如何にして報復してやろうかと心を砕いて居った中にフト一策を案出したのであった。早速その神通力を利用して、セメレの乳母ベロエに化けて、セメレの処に行った。そして尋ねて云うよう「ジュピター大神はどんな姿でお前の処に来られるか」と問うた。セメレは偽のベロエとは露知らず、正直に「人間の姿をしていつも来られる」と答えたものだから、ジュノーは心の中で私《ひそ》かに得たりと打ち喜びつつ、表面にはわざと親切を装いながら申すよう「それは本当のジュピター大神ではあるまい。何にかくはせものかも知れぬ故、この次にジュピターの来た時に、最初によく言質をとって置いてから、もし本当の大神ならば、大神の正式の姿で出顕して来て貰いたいと、要求して御覧なさい」とそそのかした。セメレはこれを真にうけたものから、その通りに要求した。ジュピターはこれは困った、ディレンマにはまったと思ったけれども、何事でもセメレの言うことを承知してやると誓った後のことだから、仕方がなかった。遂にすさまじき大神の姿を、そのまま現わして来られた。するとセメレは、その強烈なる光と熱を伴う、大神の威厳に打たれて死んでしまった。ジュピターは非常にこれを悲しまれて、何とかしてこれを救わんとせられたけれども、事すでに絶えて如何ともすること出来なかった。止むを得ずしてその時にその腹中に宿せる胎児の生命だけを助くるを得たという。その子がすなわち酒の神バッカスとなったのである。

バッカスは身を持ち崩して放浪の生活を送って居る時のこと、ある海浜で疲れ切って眠り込んで居った。ところが、それを見つけた海賊船の船頭等が、これを誘拐して、ソッとバッカスを船に乗せて沖へと漕ぎ出した。しばらくして、バッカスは目を覚まして非常に立腹し、再び元の海浜へ連れ返れと命じたが、船頭どもはなかなか聞き入れなかった。するといずれからともなく葡萄の蔓《つる》が生えて来て、人も舟も櫂も皆からめ尽して、あたかも四阿《あずまや》のようにしてしまったという。

此処に吾等の学ばねばならぬことは、吾等が人生の海路を渡るに際し、吾等の船も櫂も、そして自分自身をも、酒の蔓のために十重《とえ》二十重《はたえ》にからめ尽くされ、まるで自由を奪われてしまうではないか、各自の体験は吾等に如何に耳語《じご》するであろうか。

また同神話の続きに、バッカスの師匠シーレーナス［Silenus］がこれも何処かで飲んだくれて危険に遭遇した時、リデアの王ミダス［Midas］に依って救われたことがあった。バッカスはその御礼として、ミダス王に何なりとも、その願意を聞き入れることを約束した。ミダスは「自分の手にて触るものは何でも金になるような力」を与えてくれと願って、これを与えられた。ミダス王の満足この上もなかった。直ちに親類知人を集めてこの授かったる神力の披露の宴を張った。卓子や皿やナイフの類に至るまで悉《ことごと》く金になったまではよかったが、パンを取れば金になり、その他の飲食物も皆金となり、遂にはその最愛の子供までも、これに手を触るるや否や、金となってしまった。ミダスは少なからず驚いた、悲んだ、後悔した。再びバッカスに願って、元のミダスにして貰ったという。

これもまた吾等日常見聞する事実と、あまりに酷似して居るものあるを思わしむるのである。すなわち酒の神の魔力にかかれば、ありとあらゆる自分の手に触るるものは、皆これを金にして、酒の神に捧げものとして、遂には最愛の女子供までも売り飛ばして飲んでしまうものすらあるを聞くに至って、酒の神につける昔話それ自身が幾多酒に関する教訓を、吾等に物語って居るとは、また一奇というべきではあるまいか。

悪魔と青年

青年に酒は大敵である。彼等の失敗堕落の原因をたずねて見れば、十中の九までは「酒」故である。近頃、都会に跋扈《ばっこ》する不良少年などの多くは、酒飲みの家庭に生まれたものや、悪友に酒を飲まされた揚句の果てに堕落したものである。聞く処に拠れば、今日の不良少年で、警察の帳面に記されている者、実に都下だけでも幾万人もあると云うことであるが、その身元を調べて見ると、多くは皆な衣食足り教育も充分にある、中流以上の家庭から出ているのであって、直接間接に酒が原因となって居ることは争われない事実である。西洋の詩に「悪魔と青年」という題で、飲酒の害を適切に写したものを読んだことがある。ある時、悪魔が、一人の青年のところにやって来て、

悪魔「青年よ、汝もしわが言うことを聞くならば、何事にてもかなわしてやる」

青年は、大概なことならば聞こうが、それはどんなことをせいと言うのかと思っていると、

悪魔「汝は親を殺すことが出来るか」

青年は驚いた。

青年「どうして親が殺されようか、そんな恐ろしいことは、夢にでもできることでない。想像するも怖ろしい」

悪魔「それなら泥棒はできるか」

青年「幼少の時から、盗むなかれと教えられている。如何ようのことがあっても泥棒はできない」

悪魔「それなら嘘を吐《つ》くことができるか」

青年「それもできない。偽りの証をたつることなかれとの誡を破ることは、容易ならぬ罪である」

青年はよほど意志のたしかな者であったと見え、容易に誘惑の手に乗らないようであるから、悪魔はさらに方角をかえて、

悪魔「それなら汝は酒を飲むことができるか」

青年は酒好きである。下地は好きなり、御意はよし、

青年「酒さえ飲めば、何でもかなわせてくれるというのか。サア、幾らでも飲んで見せよう」

青年は、したたか酒を飲んだ。その時たまたま父親は何処からか帰って来た。自分の息子が酔っ払っているのを見ると、意見がましいことを言った。息子はそれに抗弁して、二言、三言、いい争ったが、遂に端なくも腕力沙汰になって、酒に飲まれた息子は親を打ち据えた。当たりどころが悪かったか、親はそのまま殪《たお》れて息気《いき》が絶えた。この有様に青年は一時に酒の酔いが覚めてしまった。「飛んでもないことをした」と声を揚げて哭伏《なきふ》したのである。最初は「親を殺すことができるか」と、悪魔に訊かれて戦慄した青年も、酒のためにはその恐しい罪を平気で犯すことになった。杜翁《トルストイ》の物語りの中にも「ある時悪魔が怪我をした鳥になって救助を僧侶に求めに来た。僧侶は不憫に思ってこれを室に引き入れらるるや否や、悪魔は、殺人、姦淫、飲酒の三つの内いずれか一つを選ぶべきを厳命した。僧侶はその最後のものを選んだが、遂に酒の征服する処となって、最初には最も恐ろしと感じた、姦淫罪も殺人罪も、平易に犯してしまった」という話の筋とほとんど同じであるが、これが酒の結果である。それが酒の性質である。世の中の人は、禁酒というような窮屈な考えを持って居ると、大きな魚を沢山捕えることが出来ないから、網の口は狭くしないで拡げて置いて、特殊の宴会や、交際上の儀式や、冠婚葬祭は、この限りにあらずとした方が宜しいと言うが、これは無経験者のいうことである。私も多年の間、禁酒は窮屈になるから節酒を先にして、それから禁酒に進むことが順序のように思い、節酒会を組織して見ようかと幾回も考えたことはあるが、「汝はそれを企つべからず」との忠告が心の奥より耳語《ささや》いて来るのであった。酒の性質は、節することを許さない。節酒ができるくらいならば禁酒は何でもない。尋常の茶飯事である。普通の人は節酒は小学校で禁酒は大学校であるから、小学校を卒業してから順次に大学に進むべきものと思って居るかも知らぬが、あたかもそれは順序顚倒《てんとう》で、禁酒は小学校、節酒は大学校であることは私ばかりでない。酒について経験あるものの意見の一致する処である。而して節酒に関してまだ他に大なる誤解がある。それは、酒は多く用いざれば無害であるのみならず、場合によってはかえって多少の利益でもあるように思って居るものすらある。このことに就いては松浦博士もその著『節酒の害毒』の中に貝原益軒《かいばらえきけん》の如き碩学《せきがく》も孔子のような聖人も酒に関する考え方は根本的に違って居るとて、その節酒論を痛評して、例えば人の物を盗むに沢山盗めば悪事であるけれども、少々ずつ盗むことは差し支えないというも同じである。然るに益軒は飲酒を水や火に譬《たと》えて、適量にこれを用ゆれば人生に欠くべからざる用をなすものであるけれども、水火もこれを過ごすときは洪水となり火災となって人間に害を与えるのであるとなし。また孔子も唯だ酒は量なし乱に及ばずなど云われて居るが、これはいまだ当時科学的知識の進歩して居らなかったに過ぎない。もし益軒をして今日あらしめば、必ず次のような意味に改正するであろう。すなわち「酒も水火と同じく適所にこれを用ゆる時は人生欠くべからざる用をなすものである。これを飲用すれば多少に拘らず人身を害するけれども、酒精として燃料に供する時は、酒精灯《アルコール・ランプ》として研究室に欠くべからざるのみならず、自動車や飛行機等の発動機にも優秀なる熱原となるであろう」と。また孔子も必ず驚いて前言の過ちを悔い、その罪を天下に謝せらるるであろう云々と痛快に論じて居らるるが、「悪魔と青年」の詩を読むもの、またこの間の消息の一面を最もよく説明されてあることを悟るであろう。

スリー・マイルス・リミット

大正十年には米国より前後四回の団体が渡来した。その最初のものは、アレキサンダー氏の率いる太平洋沿岸の実業家の一行で、その次はヴァンダリップ〔Frank Arthur Vanderlip〕氏の率いる資本家の一行。それから米国両院の議員団の一行。最後のものは世界日曜学校大会の出席者であった。我が国朝野の名士は日米の間に蟠《わだかま》れる幾多の誤解をとき両国の親善を進むる上には絶好の機会として熱誠を尽してこれらの団体を歓迎した。ことに最後の世界日曜学校大会の出席者は米国人だけでも六百余名もあって、且つ各方面の関係者を網羅した一団であったから、更により多くの効果をもたらし、大いに国際間の親交を温め世界の平和に貢献するところがあったであろうと思う。聞く処によれば第二回のヴァンダリップ氏一行の十数人を迎えただけにも十二万円を要したと言うことであるが、これによって国際間における了解の上に利益があったとすれば決して徒労ではなかったと思う。斯くの如く一面においては熱誠を以て国際間の親善を図らんとして居るかと思えば、また一面には米国が大決心を以て努力して居る問題に対しては一向平気であるのはまだしも、人間の弱点に乗じてその国禁を犯さしめ以てその歓心を買わんとつとめ、裏門から攻め入って敵を擒《とりこ》にせんとする昔風の兵法の故智《こち》に倣《なら》って得々として居る。そのくせ、そういう方々でも、もし、ここに御用商人があって官吏や会社の重役などを待合に引っ張り込んで酒や芸者を当てがい、不当の利益を獲んとするものを見られたら何と感じられるか。あの時の米国団に対する接待は多くは富豪や名士の家庭を開放されたのであって、決してそんな下品な考えの持ち主ではなかったようだと思うが、今日相当の人達の間にも往々にして、いわゆる御用商人式の根性を国際間の交際にも応用しつつあるものがあるのである。少なくとも米国の賓客に酒をすすめることは同一の兵法だと云われても弁解の辞はあるまいと思う。日本国内に於いてばかりでなく、某国の法律は領海三マイル以内であるから米国沿岸を去る三マイル以上の距離においては国際法上差し支えはない訳ではあろうが、ある汽船会社がわざわざ三マイルの沖合にて米国の酒に渇ける連中を招待して御馳走をなし、一時の快を叫ばしめて居るなどは最も不都合な次第と云わねばならぬ。米国にも生命よりも酒の好きな連中も居って、また姦商のこの弱点に乗ずるものも居り、密輸入も密造密売も盛んに行われ、また酒を飲みたいためにカナダやメキシコの方へ国境を越えて旅するものも沢山あることを知って居るから、飲まされたるその人々各個は決して悪い感じを持たぬとしても、いざという場合に力強き弁護の位置には立ってくれないのみか、人の前ではかえって日本の不徳を攻撃する側に立つものも少なくない。床次《とこなみ》［竹二郎］氏がかつて鉄道院総裁時代に露国の鉄道使節を待遇する会議のあった時、一部の委員は露国人は酒と女がすきだから、接待委員等が余程機転をきかして死に金を使わぬようにと献策をしたのがあったのを全然排斥して、ステイト・ディナーの如く上品にして而して飽くまで好意を籠めた待遇然るべしとの私の意見を採用してくれられたことがあったが、その時の序に床次氏は「日本では外賓を遇するに、動《やや》ともすれば園遊会などに赤前垂式《あかまえだれしき》の女と酒びたりをやる。その際には愉快の万歳のと飲んで居るようだけれども、その国に帰ってからの感想談などは常に日本に不利益になって居るではないか。この間、遜逸仙《そんいっせん》［孫文のこと］来遊の際にもある大会社の接待掛りが箱根に連れ出して行って芸者を枕席に侍らせようとしたところが、遜逸仙は開き直って「国士を遇するの途を知らぬ」と呶《ど》鳴《な》りつけたという噂を聞いたとの話をしてくれられたが、その大会社こそ本当に死に金をつかった上に赤っ恥までかかされたのである。日米間の問題である排日的移民法などもその原因としては人種の異同や経済の競争関係等種々あるべけれど、道徳的社会的関係に最も強き理由をもって居るようにも察せられるのである。米国があれだけの大決心をもって朝野を挙げて努力奮闘して居る禁酒問題などに対しては、今少し日本として同情と理解がなければ霞ヶ関辺での外交文書の上や民間有志者の御馳走政策くらいでは、国と国との心と心との交誼を結ぶことはむつかしいと思う。

主義は犠牲なり

これは私の台湾土木局長時代のことであるが、当時課長の職にあった、高橋〔辰次郎〕工学博士が洋行するので、官民一同の送別会が開かれたことがあった。その時、私にも発起人の一人になれというから、酒と芸者を人にすすめる送別会であるならば、御免を蒙りたいとこれを辞退した。台北に於けるあらゆる官衙《かんが》の長や、民間の重立たる人々は、皆この送別会の発企人として名を列ねているのである。実は自分の局の課長のためであるから、私が主となって発企するはずであるけれども、多年堅くとり来りし主義のためには、已むことを得なかったのであった。私が発企人を辞退することになったものから、友人達が私のために少なからず気を揉んで「どうぞ左様な八釜《やかま》しいことを云わずに、今回だけは承知してくれないか」と忠告をしてくれたけれども「それは困る。高橋君は同窓の親友であるから、私の主義と精神とをよく知って居るはずだ。私が主義のために発企人を辞退しても悪くは思うまい。恐らく世間もこの事情を了としてくれるであろう」と答えた。すると「然らば酒を用いず、芸者も出さねば、差し支えないか」と条件つきに相談するからそれなら「宜しい」と、遂にこの送別会の発企人たることを承諾はしたものの、この準備の整うたプログラムを、如何にして急変するだろうかとは私の胸の内の疑問であった。やがて送別会は開かれた。案内さるるまま楼上に登ると、質素な会場が設けられて、其処にはただ卓子と椅子が列べてあった。そこで型の如くに発企人を代表した一場の開会の辞があった後、当時の財務局長後ちに民政長官になった、祝辰巳《いわいたつみ》君がすっくと起ち上って、その流暢な弁舌で送別の辞を述べ、更に語を続いで「先程から諸君の中には、この送別会を奇異に思って、互いに私語《ささや》いていらるるを耳にしたが、自分もまた諸君と共に、少なからず不思議に感じた一人である。そこでこの一風変わった催をするに至った由来を尋ねて見ると、此所に列席の長尾局長は、酒と芸者を出す宴会には、無拠《よんどころなし》と諦めて出席はするが、どうしても発企人にはならぬと駄々を捏《こ》ねられたので、已《やむ》なくその主義に合致さすように、こういう形式のものに変化したのであるそうだ。自分は長尾君の如き、主義に忠実なる人が吾々同僚の中にあることを思う度毎に、尊敬の念を禁ずることが出来なかったが、今度の話を聞いて、一層その感を深くするのである。これは吾々友人間のことのみならず、台湾の社界のために甚だ心強く感ずる次第である」と、何だか賞讃のような、冷評したような言葉をならべ、更に話頭を一転して、ビスマルク［Otto Von Bismarck］は「主義の人の世に立つのは、あたかも長い棒を携えて林の中を歩くようなものである。彼方、此方の木に打突《ぶっ》かって自由に歩めない」と言ったが、自分の考えではその棒は寧ろ護謨《ゴム》のような棒であることを希望するのである。されば場合によれば曲がりもするが、またたちどころに真直ぐにもなるから差し障りなく、世の中を通り抜けることが出来るであろう。しかしこの護謨の棒主義は自分の流儀であって、長尾君には望み難いことかも知れぬ」と話されたので、会衆一同はじめて理由が解った様子であった。席に列せられし後藤［新平］民政長官（今の子爵）なども、「今日の送別会はまるで、演説会にでも来たようだ」と大笑いされたくらいであった。引き続いて送別の辞もあり、答辞も済むと、吾々発企人の中の一人が立って、送別会の式の終わりを告ぐるや否、某氏は「サーこれから吾々の発企に係る、第二次の送別会に移ります」と宣言した。この第二次会とは園遊会であって、其処には酒も出れば、世間並の送別会の資格を全然具備したものであった。当時台湾の送別会というものは、内地のと違ってなかなか大仕掛けにやったもので、家が狭いといって掛け出しをなし、無数に電灯などを点じて、それはそれは実に華々しい設備をするのであるが、案内さるるままに園遊会に往って見ると、酒が廻るに連れて種々な話が持ち揚がっている。なかに酒癖の悪い者は、「今日の有様を見るに、一個の土木局長のために、吾々台湾官民の全部が翻弄されたようなものだ、実に意気地が無いでないか。貴様達も台北における重立ちの中に名前を列ねていながら、恐れ入って沈黙して見ているとは何たる見下げた奴である」など呶鳴り立てて居るものもあるかと思えば、「止せ止せ」と制止する者、「ナーニ構うことはない、勝手に遣らして置け」と、油を懸ける者、「貴様達がこれしきのことを八釜しく言えば言うほど、かえって長尾という男振りを上げて遣るようなものだから止せ」と水をさす者などがあって、一時はなかなかの喧騒を極めたが、格別のこともなくて済んだ。恐らく台湾においても、否、その他においても、第一次会第二次会と、発起人と趣向までを区別した送別会は、これが始めで、また終わりであったろうと思う。また九州より東京へ転勤の際も、局内の有志者が打ち寄って送別会を開くというから、私はこれを謝絶した、「酒を用いるのであろうと思われて、御不承知なのでしょうが」と発企人は言うから、「断じてそうではない、固より諸君は酒を用いるはずはないと信ずるが、とにかく三年半も居った局長の、この地を去るというのに、発企人からの回章《かいしょう》に対して反対を表することもなるまい。一円や二円の会費ならば、義理でも出さなければならぬという訳になるではないか。高等官ならまだしも、収入の少ない判任官や雇員にまで迷惑をかける必要がないではないか。九管から中管へ、単に「き」の字と「ち」の字の入れ替りたるだけにて、鉄道界を辞するというでもないのに送別会とは無意味でないか」と説いたけれど、「それではどうしても気が済まぬ」と言うのであるから、然らば私が案を出そう、「会費、一人前五銭くらいとして、煎餅を食い、番茶でも飲みながらたっぷり話でもして別れようでないか、それなら自分もきっと出席しよう」斯くて遂に会員十銭ということにして、茶菓の送別会を門司倶楽部に開くことになったが、非常の盛会で、最も広き部屋も廊下も、満員立錐《りっすい》の余地なしという光景を呈し、心をこめた主人側の挨拶もあり、私も一時間ばかり別れの言葉を残し、時の移るも知らぬほど歓談を交換して散会したのであった。これもまた慥《たし》かに始めであったろうが、終わりでないことを望むのである。

軍人と酒

これも私が台湾の土木局長をしていた時代のことであるが、総督の官邸で井口〔省吾〕将軍を主賓とせる宴会が催されたことがあった。この井口将軍は当時陸軍大学の校長であって、後には朝鮮の駐劄《ちゆうさつ》司令長官にもなり、先年物故せられたが、陸軍部内の偉材として長く大将の栄職にあって、しかも謹厳なる性格を兼ね具えた方であった。さてこの宴会では私が将軍の隣りに座席を占め、対《むこ》う側にはすこぶる酒の好きな、豪放をもって聞こえたる鈴木〔宗言〕覆審法院長《ふくしんほういんちよう》がいたのであるが、この時、鈴木君は酒の興に乗って、だし抜けに井口将軍に向かい、「閣下の隣席にいる長尾局長は厳格なる禁酒家であります」とか何とか言って、冷やかし半分に私の禁酒主義を揶揄《からか》ったのである。ところが井口将軍はすこぶる真面目なる態度で、「それは真に結構です」と受け流した。鈴木君は意外に思ったのであるが、今度は向きを変えて「閣下は酒を召し上りませんか」と聞き直したが、これまた意外、将軍は冷やかに「私は用いませぬ」と判然《はつき》り答えられたには、鈴木君も少々ばかり面喰った様子も見えたが、敵もさる者、今度は側面攻撃的の鋭鋒を向け、「そんなことを仰っしゃっても日露戦争は酒が無かったら出来なかったではありませんか」と、酷《きび》しく突撃を試みたが、井口将軍いよいよ真面目になり、「いや日露戦争当時には、飲酒を最も慎まねばならぬ事柄と思っていました。戦争は酒が無くてもできます。殊に吶喊《とっかん》などの際には、酒を用いると必ず失敗します」と遣《や》られたのである。大抵の者ならほうぼうの体で退却するはずだが、鈴木君はなおも二の矢を継いで「それなら陸軍部内では、酒を飲むものと飲まぬものといずれが多数ですか」と、根拠地を目懸けて、発射したのであった。井口将軍は軽くこれをあしらって、「なるほど酒を飲むものは陸軍部内に随分多数にいるが、参謀本部などにいる少壮有為の士官連中には飲酒するものがほとんど稀である」と撃退されたのであった。鈴木君、今は取りつく島もなくなった。傍らにいた医学博士の高木友枝《ともえ》君はこの為体を見かねたものか、「鈴木君負けだ負けだ引っ込み給え。しかし今晩このテーブルで酒を飲む人と飲まない人と、いずれが多数であるかを採決して見ようではないか」と緊急動議を提出した。これは言うまでもなく鈴木君のために漕ぎ出した助け船である。そこで私は隙《す》かさず、「今晩の主賓の意志に反対したる決議はすべて無効である」と異議を唱えた。これには流石の高木君も閉口したものと見え、「全敗全敗」と繰り返しながら、旗を捲《ま》いて引き下がったのであった。これは井口将軍を中心にして偶然起こった禁酒戦の速記録である。この場合において、堀内［文次郎］中将の禁酒観をも紹介して見ようと思う。同将軍が大村の旅団長であって、青島《チンタオ》に出征する砌《みぎり》、私が送別のために挨拶に往ったことがある。その時将軍は、自分は別れに臨んで、君に感謝すべきことがある。と言うのは君が禁酒主義のため奮闘していてくれらるることである。自分はこの有力なる友達を獲たのを非常に喜んでいた。自分がかつて連隊長の職にあったとき、連隊全部に禁酒を実行させて見たが、すこぶる好結果を得たのであった。然るに一つ困ったのは、連隊に酒肴料《しゅこうりょう》を下賜せられたことであった。これは文字通り狭義に解釈すれば、酒を分配すべきであるが、自分の解釈では、いやしくも国家の干城《かんじょう》として献身すべき貴重なる身体を酒のために害《そこな》うというのは、決して思し召しであるまい。もしこれが不都合であれば、自分がその責任を負うまでであると、こう決心して断然軍隊に菓子を分与したことがあった。然るにこの異例は、別段何の物議も惹き起こさないで済んだのである。程経て自分は旅団長となり、旅団には実行しなかったが、一両日前、兵士の武装検査のため、一時間以上も佇立させて置いたところ二人の兵卒は卒倒したのであった。そこで自分はこの兵卒に対い、「貴様は酒を飲んだろう」と訊くと、「実は昨日親類の者がきて別れにビール二本飲みました」と答えた。自分は更に他の一人の兵卒にも同様の問いを発すると、これも「別れに来た友達と一緒に、酒を飲みました」と言うのであった。そこで自分は、「武装検査の成績は、誠に美事であるが、ここに特筆大書して警告すべき一大事実は、二人の兵卒、しかも予備にあらず、後備にあらざる現役兵が、飲酒のために一、二時間ばかりの屋外佇立に卒倒したことである」と云う講評をしたのであった。君が禁酒主義を鼓吹《こすい》さるる場合に、何処でも堀内がこんな物語りをしていたと披露して貰いたい。私はこの種の物語は、同主義者のために多少の興味ある参考資料となるであろうと思い幾多の機会に人に話したことがあった。ある人は「中将自身には酒を飲むじゃないか」と、さもそれは受け取れない話ではないかと云わぬばかりに冷評をあびせられたこと一度ではないように記憶する。しかし私はいつも「そんなことはあるまい。堀内中将は今もなお全国を行脚して在郷軍人や青年団等に対し危機に瀕せる時局を痛説して彼等に警醒自覚を促しつつあらるる。その精神と飲酒とは両立しないことではないか。

将軍は日頃禅を修めて居らるると聞く。よもや『世の人に欲を捨てよと教えつつ跡より拾う寺の住職』というが如き破戒僧の禅味を体得して居らるるのでもあるまい」といつも弁明して居る。

最近には井上〔一次《かずつぐ》〕第二師団長が、同師団に禁酒を実行せられてその効果の著しきものあるを認められ、現役を勇退せられてからは、ほとんど席暖なるに遑《いとま》あらざるほどの東奔西走、熱烈に禁酒の宣伝をして居らるるのであるが、我が国の禁酒史上に特筆大書すべき紀元を画せらるることを刮目《かつもく》して待って居るのである。

九鉄局長時代のことども

自己が酒の有害なことを覚ったら、断じてこれを他に飲ますべきでない。「己の欲せざる所、これを人に施すことなかれ」である。勝安房《かつあわ》［勝海舟のこと］が断じて訪客に酒を薦めなかったのは、見上げた精神と謂わねばならぬ。私も禁酒して四十年の間、自己の用いない酒は、他人にもこれを飲ませないという勝安房式の方針を執って居る。来客には無論のこと、個人の資格で催す宴会には、一切これを用いないことに致して居る。さて斯くも厳重な禁酒の主義を実行して見ると、時には誤解されたり、迷惑がられたり窮窟がられたり、攻撃されたり、衆人の中で面罵されたり、嘲笑されたり、たまには論戦を惹き起すような結果を見るのは、ほとんど通例になって居るのである。大正二年六月の頃に私が九州鉄道管理局長として着任したとき、その新任の披露をするため、関門地方における有力者、すなわち門司の市長を始めとして、各官衙および各会社の長、そのほか重立ちたる人々を招いて宴会を催したが、相変らず酒類は一滴も用いないことにして、その代わりに相当な御馳走をする用意をした。ところが狭い地方の常として、この酒抜きの宴会という噂がパッと拡がり、招待を受けている人達の耳にも、甲より乙、乙より丙へと伝えられて、ここに一問題を惹起した。中には別段、酒を飲みたいという卑しい考えはないけれど、人を招待して置いて、酒を出さないという無礼な宴会には応じないのが当然であろうなどという不平を鳴らす連中も出て来た。接待役にまわる課長等はこれを非常に心配して、こう世評にも上り、不平の声が高まっては困るから、御自分は召し上がらずとも、どうかして酒を出すことにしては如何であろうかとの勧告的の相談もあったけれど、私は断然これを拒絶した。かくて評判の新任披露の宴は開かれた。私はいつもならデザート・コースに入って、挨拶するはずであるけれど、この日は宴会の最初において左の如き挨拶をした。新任披露に関する世間一般の挨拶を述べ了りたる後……「さてこの宴会において皆様が、定めて風変わりに御感じなさることがあろうと思うのは、この席において酒類を一切差し上げないのであるが、このことについて一通りの理由を述べさしていただきたい。第一、酒は、人間の肉体と精神とに容易ならぬ結果を持ち来しつつあるばかりでなく、この社会の幾多の方面に恐ろしい惨害《さんがい》を流しつつあるのは、今更申し上げるまでもないが、自分が有害無益なりと信じて三十年このかた禁酒を実行しつつあるものを皆様に御薦めすることは、私の良心の許さざる所であるのみならず、ある意味よりは、尊敬すべき賓客に対してかえって礼を失する所以であると考える。第二、私はこの度、九州鉄道管理局長として赴任したのである。換言すれば、皆様方の貴重なる生命と財産とを御預り申すという役目を致しに参ったことになるのである。皆様も御承知の通り、鉄道の事故と飲酒との関係は幾多の事実がこの記憶を新たにし、また統計もこの事実を明確に証拠立てているのであって、現に米国鉄道従業員は、禁酒者にあらざれば採用せぬのである。斯くの如く鉄道事故と密接の関係を有する酒そのものを、鉄道の上長の位置にある者が、どうして用いることが出来るであろうか。もし仮りに私が飲酒するとして、部下、一万五千有余人の現業従事員が、上の好む所、下これより甚しきはなしという筆法で、飲酒を肆《ほしいまま》にしたら如何なる結果を見るであろうか。皆様は定めて九州鉄道に対して、危惧の念を抱かるるであろうと信じて疑わないのである。故に皆様方の貴重なる生命と財産の安全ならんことを思えば思うほど、私は本来の禁酒主義の立場を別問題としても、この場合は断じて皆様に酒を差し上げないのが当然と信ずるに至った理由を了解して戴きたい」。私は更に語をついで、酒と習慣ということに説き及ぼして見た。「宴会に酒を用いるのは、日本古来の儀式であって、ほとんど習慣になっているから、害になるほど飲まねば、酒を出しても構わないだろうと主張する人々もある。なるほど、そう言えば一応の理窟はあるようだが、習慣というものは、人々の極めよう一つなものであるから、これを絶対のものと極言することは出来ない。例えばヨーロッパのテーブルには、葡萄酒とかシャンパンとかは附き物のようであるが、大西洋を渡って彼方の米国に行くと、その習慣は一変してテーブルでは水ばかり飲んで居るという有様であるから、滅多に習慣を振り廻されないのである。また山本［権兵衛《ごんのひょうえ》］内閣の時代に、首相はある宴会で、このシャンパンのような贅沢な輸入品を用いるのは不経済であるかを、これを全廃してその代わりに日本固有の日本酒を用いたら宜かろうという発議をされ、一同はこれに賛成して爾後《じご》、多くの宴会において日本酒がシャンパンの代用品となったこともある。これらも習慣というもの故、人間が如何ようにも作り変えることの出来るものであるという実例になるのである。だからアメリカのようにテーブルで水を出しても、なぜ水を飲ますかと咎め立てをすることは出来ない道理であると同じく、この酒抜きの宴会を無礼であると、習慣上より形式上より、八釜しく攻撃さるることは、必ずしも当を得て居らぬようにも思う。とにかく、私はこの進歩したる門司の社交界が、私のような主義を持っている者をも雅量をもって寛容さるることを信じて疑わないのである。どうぞ今晩は緩《ゆっ》くり打ち寛いで皆様の御話を伺いたい」。この挨拶がすむと、市長は一同を代表して、正式の挨拶を交換された。時間が経つにつれて宴正《まさ》に酣《たけなわ》となった。主客は相共に打ち寛いで感興が弥《いや》沸いてきた。この時、市長は再び起立してこういう皮肉まじりの露骨な正面攻撃の演説を始めたのである。「宴会に人を招いて酒を出さないということは、どうしても胸の虫が治まらない。自分は一杯や二杯の酒を飲みたくはない。自分一人としては元来酒を用いないから、どうでも宜いが、斯かる披露の宴会に、酒を抜きにするとは乱暴ではないか。自分は斯かる流儀の人の招待には、今日だけは無拠《よんどころなく》出席したが、この後は幾ら案内状が来てもお断りをする。恐らく列席諸君においても、自分と同様この宴会に懲り懲りされて、再び招待に応じないであろう」云々、と、半ば戯談《じょうだん》、半ば一同の不平を代表的に漏らしたような言葉を述べられたのである。しかし私はその後少しも臆する処なく、不撓《ふとう》不屈《ふくつ》の精神で、その主義を忠実に守ったのである。それで趣向はさまざまに変わったけれど、酒抜きの宴会に人を招待して来たが、いつも満員の盛況を呈して居った。門司に在ること三年有半、中部鉄道管理局長となって、東京に出発せんとするや、門司の官民は是非にというて、私のために盛大な送別会を開いてくれたのであるが、この送別会で第一に私の驚いたのは、その宴会に一滴の酒も用いなかったことである。僅か三年前に酒抜きの宴会に少なからず不満を抱き、斯かる催しがあってもその招きに応じないとまで断言したことのある門司市に、たとい禁酒主義者である私のためとは言え、同市の官民が発企して催されたる宴会に酒を少しも用いず、剰《あまつさ》えその主人側一同を代表したる挨拶のうちに、私の禁酒主義に対して全幅の敬意を表し、色々と私の主義に基いてなしたる事業に称讃の辞を惜まれなかったというのは、実に驚くべき変化ではあるまいか。私は過ぎにし記憶をここに喚起して、転《うた》た今昔の感に堪えないのである。

大演習と興風会員

九州鉄道に興風会と称する団体が設立されたことがある。これは会員相互の品性の陶冶《とうや》を図り、風紀を刷新し、業務の進歩改善を期するという趣意の上に成立したものなれども、まず第一着手の事業として、禁酒を標榜《ひょうぼう》したのであったが、その活動を開始したのは、実に大正四年の二月であった。私が九鉄の管理局長として着任すると、間もなく部下の有志者等は、ここに鉄道禁酒会を設立しては如何にと、しばしば迫られたのであった。しかし局長の椅子にあって、斯かる設立を発企するというのは勢い強制的に見え、甚だ好ましからぬこととなるのみならず、その発達の結果も面白くあるまいとの懸念もあったから、着任してより二年間は、禁酒会の設立を奨励する代わりに、寧ろ押え付けるくらいにして居たのであった。然るに主なる駅長を始め、各機関庫主任、さては保線区主任などより、是非とも禁酒会を設立したき熱心なる要求があるので、これほどまで機運が熟して来たならば、堅実なる発達を遂げるに相違あるまいという見込みがついて、ここに始めて鉄道興風会なるものが誕生することとなったのである。

爾来《じらい》各所において、興風大会のある度毎に、その席上において、数回禁酒の演説を試みるような次第となったのである。斯くの如き穏健なる誕生の経過を有する興風会は、その発達成長も堅実にして且つ速やかなるものの如く、たちまちにして数千の会員が出来て、大正五年末には一万五千有余の従業員の中、九千三百人に達するの盛況を呈するに至ったのである。これらの会員の全部は、宗教団体に於ける信徒の如く、一の信条の下に集合したものでなく、その内容を調べて見たならば、健康のために余儀なくされたものもあろう。経済のため必要を感じたものもあろう。あるいはまた、信用を増さんがためになどいう者もなきにあらず。故に皆が皆、鉄道業務の改善進歩を期するためとか社会の風教改善のためとかいうような、高尚なる目的を持てるものばかりではないと思わるるが、とにかく、各自各異の動機に基くものとは言え、その帰着点を同じうするために団結したる一体であることは事実である。会員九千三百人の中には、意志の薄弱なるため、その規約を破り、自ら退会を余儀なくするような、気の毒な者なきにあらざると同時に、また新しく入会する者もあって、去る者は追わず、入る者は拒まずの主義を執って居たが、結局は漸々《だんだん》会員の数を増加しつつあるのであった。当時日本における禁酒会は、その創立約三十年の星霜を経て居ったが、まだ一万有余の会員を有するに過ぎないと言われて居った。然るに鉄道興風会が僅か二年に満たずして九千三百人の会員を有するに至ったというのは、実に禁酒界の奇蹟と謂わざるを得ない。斯かる勢いを以てせば、興風会の運動は単に九州の一角に止まらずして、その偉大なる感化は、鉄道界の全般を風靡《ふうび》し、竟には我が国社会の風紀を改善する上に何物か貢献する所あったに違いないと思う。大正五年の秋、大正天皇が九州大演習に行幸あらせられた当時における興風会員の名誉は、特に表彰する価値があると思うのである。当時、御召列車を運転すべき者およびその運転に関係ある者は、成績の最も優良なる現業員の中から選抜したのであるが、後にこの関係者を調査して見ると、それが全部興風会員であったのには少なからず興味を感じたのである。なかんずく九州に於ける御召列車を運転する機関手の苦心はなかなか容易なものでないという特別の理由があった。それは九州鉄道のプラット・フォームは私立会社時代のものであって、東海道線その他と比し著しく低いので、ために御召列車の御昇降口の辺には特に踏み台を設けなければならぬ。当時陛下の御着車の際プラット・フォームに這入ることの出来る資格者は今よりは遥かに厳重であって、御着車になってから踏み台など持ってまごまごして居るを許されないので、前以て停車位置を予測して置いてその踏み台の中心に御昇降口の中心を一致せしめなければならぬのであった。今から考えれば馬鹿馬鹿しいように思わるる方もあろうが、その当時としてはこれより外に採るべき途はなかったのであった。そこで予め数回試運転もやらせて置いたがその当日には如何あろうかと実は非常に心配であった。ところが、博多駅御着車の際の如きは、踏み台と御昇降口の中心とがあたかも一線を画したるように合致した見事なる成績であったので、その機関手を調べて見ると、この武田機関手は熱心なる興風会員で、その家庭に当年十九歳の娘があって、多くの弟妹の世話をして居る傍、その父の重大なる責任を完うさせたいという一片の赤心より、一週間も断食して、神に熱き祈りを捧げて居ったということまでわかった。この親にしてこの子あり、この興風会員にして、この優良なる機関手ありと謂うべきであって、慥かにこの大演習中における興風会員の成績を彩る著しき美談として伝える価値があると思う。然るに私は東京に転任してしまい、後任者は酒に関する考えの相違よりして興風会の如きものを重要視せざるのみならず、ある場合にはかえって冷評的態度を以てこれに対したとまで云われて居るくらいだから、今日では会員数は五分一以下に減少し、あれどもなきが如き状態であるとは、惜しみてもあまりあることと云わねばならぬ。当初の九千三百人の会員中には固より意志の弱きものも多かったであろうから、いわゆる鎧袖一触《がいしゅういっしょく》すればものの一たまりもなく木の葉の如く飛散したのかも知れない。ある人はこれを見て「こんな弱いものだから打ち破されるのだ。存置する必要がないのだ」というであろうが、私は「人間はこういう弱い気の毒なるものが多く居るのだから同情に堪えぬのだ。指導の必要があるのだ」というのである。しかしこれ決して後任者一人を責むべきではない。寧ろ当時の社会の反映的代表という方が適当であろうと思う。米国の如き宗教に教育にあれだけ進歩して居っても憲法を改正してまで禁酒命を布いた大英断をやったのは何の為めであろうかと研究したらば思い半ばに過ぎるものがあろう。とかく日本人は大事を小事と誤認する傾向がある。これは大言壮語を弄することを、何よりの愉快と心得て居る東洋病の為でもあろうが、酒色を遠ざけ真面目の生涯を送るものあれば、ややもすれば小廉曲謹《しょうれんきょくきん》を以て目さるるが普通である。序に私が九州鉄道において、列車のボーイのチップを貰うことを禁じた話をする必要があると思う。この問題もちょっと見ると小問題に相違ない。

しかし決して小さくないのである。ボーイに採用した五、六ケ月間は、その父兄までも喜んで居るが、最早、一年と経たぬうちにその父兄は泣いて居る者が多くなるのである。その年齢といい、その教育程度といい、何等定まった考えも出来て居らないのが、大学卒業生以上の収入ありとすれば、その向かうところは一筋途である。年齢にも不似合な遊蕩三昧は、当然の結果と言わねばならぬ。その者一人にて済むとすれば、自業自得致し方もない次第であるが、その黴菌《ばいきん》が周囲に伝染して、多くの青年を腐敗堕落に陥らすのである。而して彼等が鉄道を去ってから、如何なる職業に就いて、如何なる生涯を送りつつあるかを調査したら、到底黙って居らるる訳のものでない。どうしてこれが小問題であろうか。小数のハイカラ旅客の虚栄心を満足せしむる犠牲に供すべきものであろうか。すべて物事はよくよくその真相と内容を精査して始めて正鵠《せいこく》の判断が出来るのである。ことに鉄道業務と酒との関係に就いてはその能率増進の上に、その安全と敏速とを期する上に争うことの出来ない統計的基礎を有することがあれば東洋豪傑的に頭ごなしにせず、真面目に研究する価値が充分あると思う。

汽車中の一代議士

私がある時関西地方旅行の汽車中で知人と邂逅《かいこう》し、種々なる談話を交換して居ると、傍にあった一人の紳士は、私の前に名刺を出し慇懃《いんぎん》に挨拶をして、「貴下は長尾さんでありませんか。私は貴下の御蔭で禁酒を実行した者であります」と云われたが、全然知らない人ではあるし何のことか判らなかったが、いろいろその事情を聴いて見て、始めて合点がいったのである。

「私は本来酒好きであったが、朝鮮旅行中に、図らずも病気に罹《かか》ってホテルに滞留の身となった。この時、私の妻は貴著『禁酒』という小冊子を、私のところへ送って来たのであります。折節徒然でもあったから、早速これを繙きましたが、一読再読大いに感ずる所があって、その時より断然禁酒したのであります。それでもう今日で四年以上になります。これは全く貴下の賜であります。わざわざ御礼に参上するのも、かえって御邪魔であろうと考え、自然何処かで御目にかかる機会もがなと、実は今日まで申し上ぐることを遅延していました。誠に相済まぬ次第であります」。話はそれからそれへと移り行きて、時の経つのも知らなかったが、その間に知り得たことは、この紳士の夫人はキリスト教信者であって、同夫人の父は野田卯太郎《うたろう》氏たることも分かった。また同夫人はある時、父なる大塊翁《たいかいおう》［野田卯太郎］に拙著『禁酒』を一読すべく勧められたそうであるが、翁は年来酒を嗜まないから自分には必要がないとて、容易に読むことを承知されなかった。すると夫人は、飲まない人でも是非読まなければならぬ書物だとて、しきりに強要されるので、翁も愛嬢の勧めに余儀なくされ、遂に一読されたそうだ。翁もなるほどと感ぜられたものか、更に猛然たる愛嬢の追撃に遭って、幾冊かは知らぬが大分『禁酒』も買わされて、それを酒呑みの友人等に配布されたと云うことも分かった。この紳士は、野田大塊翁の愛婿なる松野［鶴平］代議士であったが、話の中に不図思いあたる節があった。私は数年前のこと突然大塊翁より一通の手紙を受け取ったことであるが、これあるいは愛嬢の強請に余儀なくされて、拙著『禁酒』を一読された後の感想ではなかったかと思う。その手紙を次に掲げておく。

拝啓愈々《いよいよ》御清適《ごせいてき》之《の》段《だん》奉　賀　候《がしたてまつりそうろう》然《しから》ば昨夜貴著『禁酒』襲来　候《そうろう》事《こと》に御座《ござ》候《そうろう》尤《もっと》も小生は年来の下戸《げこ》党故《とうゆえ》禁酒も無用の沙汰即ち蛇足に有之候《これありそうら》え共《ども》

禁酒して国と家とを興す秋
と存じ御同感《ごどうかん》此事《このこと》に御《ご》座《ざ》候《そうろう》先《さき》は匆々《そうそう》不《ふ》一《いつ》

大正六年九月二十一日

野田卯太郎

禁酒先生長尾半平様

坐右

私の『禁酒』がそれほど反響の強くあったことを嬉しく思うた。そして大塊翁までが共鳴者であったことを知ったのと、偶然にも汽車の中で、志を同じうする友を見出して、親しく語り合うたことを愉快なる記憶とする。

緑の黒髪

酒は根深く人の心の奥に喰い込んで居るから、一度酒のために囚えられてその奴隷となったら、何か非常な衝動に触れない以上はなかなか自由の身となることは出来ない。現に今北海道において水産業に従事して居る某氏が禁酒をした悲劇的の物語があるから、ここに数年前同氏上京の際の直話を紹介して見よう。「私は北海道において多年水産物の燻製《くんせい》の仕事に実験を積んだお蔭で、斯業の権威とまで推奨されて居るのである。しかし私は本来の酒好きで、如何なる利益も、総ての信用も、皆酒に飲まれてしまい、どれだけ損失をしたか分からない。遂には身の破滅に近づいたことも知らないで、自分のためには敵であり悪魔である酒と親しんで居った。ある時、三井物産会社から事業のことに就いて相談があった。それは同会社が北海道に水産物の燻製業をかなり大仕懸けに計画するため裸一貫の私をその事業の主任者とすると云うことであった。私に取っては光栄ではあるし多大の感謝でもあるべきはずだ。しかしその話が段々順調に進行し、いよいよ契約書を交換するという場合になって、一つの条件が持ち出された。すなわちかかる責任ある大事業を君に一任する以上は、その好きな酒だけは廃《や》めて貰わねばならぬということであった。他の条件ならばいざ知らず、自分の生命にも換ゆることの出来ない、酒を廃めてくれということだけは、私に取って最も困難とする問題であった。幾度か繰り返して考えても見たが、如何しても思い切ることが出来ず、遂に断然契約書に調印を拒絶して、僅かに汽車賃だけを借り受けて、自分の村に帰ったのである。

　こうして私は再びもと通りの素《す》寒貧《かんぴん》になり済まし、酒ばかりを無二の友として居たのであるが、私の妻は旦《あけ》けても暮れても、私の酒のことのみを苦痛にして如何かして、それを廃めさせようと、蔭では神に祈って居るのであった。ここで妻と私の関係を一通り述べて置くが、妻は熱心なるキリスト教徒であった。彼女は私と婚約を結ばんとするとき、その友人や親戚などから、あんな大酒飲みには行かん方がよかろうと止められたのであったが、何か深く信ずる所があって結婚後一週間以内にはきっと止めさせて見せようという決心で参ったのである。故に彼女は私と結婚してから後ちは断えず専心一意そのことばかりを祈って居たそうであるが、如何しても私の酒は廃まなかった。ところが、ある夕食のときであったが何時にも見慣れない、白い布の被った食膳が、女中の手によって私の前に運ばれたのである。私はこれを妙だと思った。女中は何も言わずとシクシク泣いて居るのである。次の部屋にも妻の泣き声がするのである。これはますます変だと思ってその白布を取って見るとブッツリと髻《もとどり》から惜しげもなく切られた緑の黒髪が膳の上に引出ものとして置かれて有るのである。何故に妻が斯く思い切ったことをしたのであろうと私もこれには少なからず胸を打ったのであるが、そこは酒飲みの心理というものは愧《はず》かしいことだが、不思議なもので、その黒髪を蹴飛ばして自暴酒《やけざけ》をあおり、良心の叫びを打ち消すべく胡魔化《ごまか》して畢《しま》った。けれども少刻経ってから、人知れずその黒髪を拾い上げて、一滴の涙を惜しまずには居られなかった」。

「これほど家庭に悲哀なことがあっても酒はまだ廃まない。妻はこの時から一言も私に酒のことに就いては言わなくなったが、隠れて神に祈ることは一倍の熱心を加えたようであった。しかし私の酒はまだどうしても廃まなかった。斯くするうちに貧苦はいよいよ迫って来た。最早、妻を養うことも出来なくなった。靴まで売り飛ばして飲んだこともあった。遂には心ならずも夫婦別れをすべく余儀なくされたのであった。それから私は菰《こも》を被った乞食に等しい零落の身分となったのであったが、ある時途に行き暮れて寒い一夜を小さい祠《ほこら》に過ごしたことがあった。その夜は寒さが身にこたえて、何しても寝付かれなかった。今更ながら私は過ぎ来し方と今の身上を思うて孰々《つくづく》と悲しくなった。私はこの時、誠心《せいしん》から神に祈る心地になった、祈りが済むと、私の心に長年巣を喰うていた飲酒欲は、何時の間にか消え去ってしまって不思議にも酒という意識がほとんど滅却したかの如く感じたのであった。私はこの瞬間から絶対の禁酒家になったのである」。

「これが私の禁酒の実験である。私は五年前から酒を廃めて居る。けれども過去の五年間は、私が私自身に対しての試験時代であった。何故ならばあれほど好きな酒であったから、何時また元の地金が出て来るかも知れぬという懸念があって、今しばらく自分で確乎たる証明の出来るまで、沈黙を守ろうと思ったのである。斯くて私は過去五年のあいだ自分だけ禁酒を実行して、他人には禁酒の宣伝もなさず、沈黙の生涯を送ったのである。しかし五年の満期後、本年一月一日より公然と禁酒党の名乗りを揚げて、主義のため奮闘すべく陣頭に立ったのである」云々。

私はこの実験談を聴いていた際に、ウィリアム・ジェームス［William James］の著書中にある一節を想い出さずには居られなかった。酒に渇いていたある労働者がアルコールが飲みたさに、自から斧をもってその腕首に切り瘡《きず》を付けた。驚いて駈け付けた医者が、その瘡口にアルコールを浸したガーゼで湿布をしてくれた。彼はその血に塗れた湿布のアルコールをチュウチュウ吸いながら言った。“Now I am satisfied”（私は今これで満足した）と。自らの身体を害《そこの》うても酒を飲もうとするのは単にこの労働者ばかりではない。ここに今まさに餓死せんとする酒好きの一人がありとする。この者の前に、「酒と、飯と、金」とを三つの器に盛って、まずその何れを取るやを試みるならば、酒飲みは第一に酒を採るべしとは、某氏が酒の奴隷となっていたときのことを想起しての詐《いつわ》らざる告白である。実に酒は怖るべき強敵である。人類を捕虜にする悪魔の唯一の武器である。

国を売るまで

旅順の戦いは振古未曾有《しんこみぞう》の一大悲劇であった。さすがに金城湯池《きんじょうとうち》と誇っただけに、多大な犠牲が払われても、悲惨なる戦闘が繰り返されても、旅順は飽くまで難攻不落であった。乃木軍はどうしてもその目的を達することが出来ず、実際は手の出しようもないという状態に陥ったのであったが、ここに新しい運命は展開せられて美事に最後の大勝を博したのであった。それは如何にして展開されたかというに、ある夜のこと、一人の露軍の下士は、私かに我が軍に降を乞い、切《しき》りに酒を飲ましてくれと頼んだ。そこで酒に酔わして敵情を探るのも至極妙ならんとの考えから、その下士に充分酒を与えて見たそうであったが、段々酩酊して来るに連れて、次のようなことを饒舌《しゃべ》り出したのであった。「日本軍は間断なく猛烈に砲撃を継続して居るけれども、悉くその照尺を過《あや》まり、少しも要部に命中しない。これでは何時まで砲弾を費しても、旅順の要塞は陥落することはあるまい」と、要部の位置はしかじか、照尺の度合いはこれこれと手を取って教えて貰ったように分かった。我が軍はここに始めて真の秘訣を握った。砲撃の効果は現われた。我が軍の打ち出す弾丸は、残らず要塞の急所に命中した。さすがの難攻不落も一とたまりもなく、瞬く間に陥落することになったのである。露軍をして斯かる運命に陥らしめたという原因を質せば、つまり一杯の酒に過ぎないではないか。古より酒のためには、国を傾け城を傾けると言われて居るが、ただ咽喉元三寸を湿らすためには、愛する祖国を呪うような売国的の行為も敢えてすることになったのではないか。この物語りは私の友人が故児玉［源太郎］大将より聞いた話で、その時大将は長尾に聞かせたら嘸《さぞ》よろこぶであろうとまで付け加えられたという直話《じきわ》である。台湾の生蕃《せいばん》も粟《あわ》から一種の酒を造っておる。生蕃の男子が首狩りに向かって出発すると同時に、社《しゃ》に残されたる女子供は、皆集まりて粟を嚙んでは甕《かめ》に入れて居るのであるが、男子らの凱旋して来て首狩りの祝宴を張るまでには、その粟が唾液のために醱酵して粟酒が出来るのである。斯様に如何なる野蕃の民族でもおよそ人間である以上は、必ず何等かの方法に依り、酒を造ってそれを飲むのである。斯くも根強く人類に喰い込んでいる飲酒欲を、どうして宗教や教育の力のみで絶滅することが出来ると安心して居られるであろうか。これにつけても法律の力に訴えて全国的禁酒令を布いたる米国の英断とその賢明とに敬服せずには居られないのである。

児玉将軍

酒を仇敵の如くに思うのは私一人ではない。少なくとも進歩した考えを持つ人には、いずれも酒害の恐るべきことを知って居る。酒は国家有用の人物を残酷に斃《たお》して居る。私の恩人である児玉大将の如きも、酒のために著しく死期を早められたものらしい。将軍は寝床にあって電報を披《ひら》き、その中に書いてあった面白い文句を読まれた時に脳溢血に罹《かか》られたものと見え、片手に電報を握り、片膝を立て微笑を洩らされたまま逝かれたということである。国家多事、元老も年を逐うて凋落し、大人物も漸次に払底を告げて来た今日、将軍の如き偉材が生存されていたら、如何に国家は幸福であろうかと思う度に、将軍の死は憎みてもなお余りある次第である。児玉将軍で思い出すことがある。将軍が去る三十八年の末、台湾に凱旋されたとき、島内の巡回に出懸けられたことがある。当時指名的に随行を命ぜられた人々中には、後に民政長官になって物故された祝辰巳君や故東京市長の中村是公《これきみ》君や故鉄道技監の長谷川謹介《きんすけ》君や三五公司長の愛久澤直哉《あくざわなおや》君なども交じっていたように記憶するが、列車の中で無聊《ぶりょう》の余り、種々なる座談に花が咲いたのであったが、その中に三十八年の正月元旦、私の官邸に某法院長とか、某医院長とか、某局長とか、いずれも「長」のつく連中が一団となって年始の回礼《かいれい》に来たので、私のうちでは例に依り茶と菓子とを出したところ、それらの諸君はその茶をあけた茶碗にポケットへ忍ばせて来た四合罎から酒を注いで飲み、万歳を三唱して引き揚げたという、年頭悪戯の一くさりがあった。この話を聴かれたら将軍は定めし手を拍《う》って大笑いさるるならんと思いの外、すこぶる開き直った態度で「それは不可《いか》ん、他人が真面目な主義の上に立っているのにその人に対し斯かる無作法な振舞をなすは宜しくない」と厳格な口調で応えられたので、一同は甚だ手持ち無沙汰となり、折角座興のために持ち出した話の種も、散々叱らるるという反対の結果を見たような始末であった。たしか明治三十一年の頃であったと聞き及んでいるが、児玉将軍は、在台軍人の重立ちたる面々を晩餐に招待されたことがある。この時将軍は来賓に対《むか》い「今晩は打ち寛いで充分召し上がられんことを希望する」と、挨拶されたのであったが、座にあった松村陸軍少将はこの言葉を聞くと「さあ御許しが出たぞ、これから底抜けに遣っ付けろ、グデングデンになるまで飲め」というような合図をしたのであった。将軍はこの一語を聴くと、卒然色を作し、「充分に召し上がれよとは主人側の挨拶である。松村君が底抜けに遣っ付けろとは如何なる御趣意か知れないが、いやしくも国家の干城を以て任ずる軍人等が、暴飲身体を害う如きは最も慎むべきことではないか」と戒飭《かいちょく》されたので一座は深沈《しめ》やかとなり、誰一人酒に酔うものなく、将軍は主人として頻りに執り持たれたけれども、何となく座がしらけて、皆そこそこに挨拶をして退散したという逸話もある。児玉将軍は、日清戦役後は酒を用いられなかったのであるが、日露の役となり、国家の運命をその双肩に担わるることとなってから、いつとはなしに再び飲酒さるるようになったのは返す返すも残念の次第であるが、しかし酒に対してはいつも余程確乎たる意見を懐抱されたと同時に、人の主義に対して尊敬を払われて居ったには、いつもながら感服した。これも同将軍の台湾島内巡視の際にあったことであるが、台南に一泊の夕随行員一同はいつものように、翌日のプログラムを伺うてそれぞれの割り当てられた旅宿に就いたのであったが、翌日には午前中は台湾神社参拝に出懸けることになったから、私は午前中は随行を断ったところ、将軍は何気なく快諾を与えられた。同僚の祝君等はしきりに心配して、友誼上私の頑固さを撃破さんとつとめ、一面にはことの成り行き如何を重大視してくれたのであった。その理由は私には一つの主義を有って居った時代であった。すなわち日本の神社仏閣は広義に解釈されたる尊敬すべき記念碑の如きものであるという近頃のように世間が了解して居れば別段差し支えもないことであるが、その当時はまだ宗教と混同して居ったようであるから、その礼拝を断って居ったのであった。故にもし将軍よりなぜ行かぬかと詰問さるれば理由を説明するであろうし、そうすると簡単には納まらぬかも知れず、場合によりてはとんでもない結果になりはせぬかと友人等の心配であったらしい。当時台南新聞の記事には将軍一行の名前を掲げて一同台湾神社参拝に行ったように書いてあったものから、物数寄《ものずき》な人もあればあるもので、あの頑固な長尾も将軍の鶴の一声には平生の主義を捨てて降参したものらしいと思うてか、将軍にことの実否をただした所、将軍は言下に「ナーニ長尾が行くものか、あの男は熱心な耶蘇教信者じゃないか」と答えられたそうだ。して見ると将軍が曩《さき》に快諾を与えられたのも、よくよく私の主義を了解していられてのことが分かり、一層畏敬の念を深からしめたのである。

酒のなる木

南米に一種の植物がある。ある時季に花が咲く。而して醱酵《はっこう》してアルコール分を含むらしい。そうすると何処からともなしに無数の蝶がやって来てその花精を吸うそうだ。人間ですら酔っ払うもの況んやかよわき蝶が酒を吸うたのだからたまったものではない。これまで美しく飛んで舞うて居ったものがその活動がにぶるようになり、遂には彼方此方にパタパタ眠るもあれば倒れるもある。するとまた何処からともなく鳥がやって来てその酔っ払って居る喋を皆貪《むさぼ》り食うてしまうのを年中行事の如く繰り返して居るという。自然界には随分不思議なるまた珍妙なる事実があるものだと、旅行談でも聞くように呑気にすまして聞いては居られぬ。何か吾等に峻酷なる教訓を与えつつあるのではあるまいかと思わしめる。その蝶とは誰か、その鳥とは誰かと反省して見て貰えば直ぐわかるはずである。しかしその酔蝶たる日本が酔眼朦朧《すいがんもうろう》で事務を執り、千鳥足で労働して居る間に鳥なる米国より戦争をしかけられて皆食い殺されてしまうであろうと、そう単純なる考え方をしてくれというのではない。砲煙弾雨の御見舞などは容易にやって来るものでもあるまいが、能率の上から冷静に考えて見てもジリジリと年一年と段々国力が衰退して行くならば、何処から何が飛んで来ないでも自滅の外はないのである。一昨年北九州へ行った時、石炭業者労働者等の集合の席上において話をしたことであるが、支那でも満洲でも炭鉱に働いて居る支那坑夫は一日十二時間働き、一トン乃至一トン半を採掘して賃銀平均五十八銭である。然るに我が国においては賃銀平均一円五十銭を支払われて居るに拘らず、八時間しか働かない。そうして半トンを掘るだけである。なるほど今日まで労働者が資本家側の圧迫を受け報酬の少なかりしこと、労働時間の長かりしこと、しかして待遇のあしかりしことには私も大いに同情もし共鳴もして、その改善を叫ぶ一人であるから、労働時間の短縮も賃銀の増加も至極賛成なのである。しかしその採掘量のこれに伴わざるに至っては、かかる場合にこそ大和民族の特徴を発揮して貰わなければならぬのではないか。支那の坑夫の最低賃銀は四十五銭と聞くが、その内から三食三十銭ですませて毎日十五銭ずつ貯蓄して居るものすらあるというに対し、日本の労働者はまるでサボタージュ気分であると云われても如何なる弁明があるであろうか。労農露国の憲法第十八条に「働かざるものは食うべからずと云う主義に基いて労働することを全市民の義務と見做す」と規定してあるというが、これに対しても恥ずかしく思わないであろうか。とにかく日本は面積が狭くて人口が過多なのだから、大勢すでに工業を以て国是として行かねばならぬ。而して工業の基礎は労力と材料であって、なかんずく石炭の如きは重要なるものであるのに、前述の如き状態にあって石炭一トンの価が支那に比して六倍にも相当するとすれば、製造品の上にそれだけの影響を与うる訳である。故につま楊枝や蝿打《はえうち》を始めとし、日本人しか用いない下駄足駄も雨傘も外国からドシドシ輸入するようになったのは当然の結果と云わねばならぬ。して見れば自滅するより外にないのは自然の帰結ではあるまいか。

酔紳士の禁酒演説

二、三年前某代議士の懇請に余儀なくされ、近県地方へ禁酒演説に出懸けたことがある。折悪しくその時は馬鹿に寒い日であって、胴震《どうぶる》いがして来て堪らなかったが、懸命に我慢をして、その地の劇場で一時間半ばかり広長舌を振って来たことを記憶して居る。その帰途汽車中にて、図らずも一人の紳士より自己紹介をされた。その名刺の肩書を見ると、この人は同県の県会議員であって、その地方の新聞社長であり、また幾多の委員などにもなって居る立派な青年政治家の資格を具備して居る人のように見受けられた。その紳士は私の演説の一部を傍聴して居たらしかったが、余程酒気を帯びて居たものと見え、傍若無人の雄弁を揮うて段段禁酒に対する冷評やら反対演説をやり始めたのであった。しかし滔々数万言を費したものの、要領は二、三点に過ぎなかった。曰く禁酒論者は国家経済の何物たるを知らない御芽出度《おめでた》い御連中だ。もし禁酒を実行して政府唯一の税源たる酒造税を失うならば、日本は何によって歳出入の均衡を維持して行くつもりか。破産するより外はないではないか。日露戦争はどうして出来たと思うか。しかもこの瑞穂の国は、神代の昔より酒がなくては夜の明けぬ国である。今もなお神様には朝夕神酒を上げるし、また国家に何か大なる典礼でもある場合には必ず式酒を供えて居るでないか。我が皇室国家にはかかる古い歴史的の縁故のあることも研究せずして、徒らに米国の糟粕《そうはく》を嘗めるような禁酒論は大和男児には納得出来ない議論である。自分はこれしきの酒に酔うような男ではない。実際酔うては居らぬ。君の眼には酔っぱらいと見えるかも知れぬが、これは致方《いたしかた》ないこととして、この酔っぱらいにも、なるほどもっともだと承知させるだけの手腕がなくては、君の禁酒演説も失敗であるから、やらない方がかえって利益であるなどと。斯くて酔っ払い政治家の演説も調子に乗ってメートルを揚げて来て、傍にいた某代議士に対し、自分はその乾児であるなどと声明しながら、聞くに忍びぬ侮辱的言辞を、終始沈黙を守って居たその老紳士にあびせかけて居った。私は始めのほどは相手にならぬ考えで一笑に附し去っていたが、遂に一矢を酬ゆるの已むなきに至った。「酔っぱらいを取り鎮め、なるほどと承知させるのは、僕等の仕事でなさそうだ。多分、警察官の方が十分の手腕があるであろう。君は今国家経済上の見地より云々せられたが、これは欧米にもまだそんな意見を有って居る者もないでもない。先年欧洲大戦の当時彼のスコッチ・ウイスキーの本場である英国においても禁酒論が朝野に喧しかった。ある集会の席上滔々国家経済上の利益を説いたものに対し、一人の青年は起こってその愚論を駁して「これあたかも医師の収入を減少することとなるから国民に衛生思想をあまり鼓吹しないが宜しいというと何の択ぶ処あらん」と一言の下に沈黙せしめたという話があるではないか。また皇室国家との関係を云わるるが、昔、孝徳帝、孝謙帝、嵯峨帝の朝などには幾度か禁酒に関する勅語を下されたこともあったではないか。現に吾等の敬愛し奉る摂政宮殿下（今の陛下［昭和天皇］）には今以て禁酒禁煙を励行して在らせらるると承る。殿下のかかる御美徳は我皇室国家に対して不都合であるというのか。而して君は僕の禁酒演説が失敗であると言われたが、あるいは失敗であったかも知らぬ。しかし君のこの車中における演説は、たしかに禁酒演説として大成功だと思う。なぜなれば今この車中で君の名論卓説を拝聴したる乗客一同は、君のこの有様を見て可惜《あたら》有望なる青年政治家らしい方であるが、酒の為めにはこんなに頭を狂わさるるのかと今更ながら酒害の恐しさをしみじみ感じさせられたことと思うから」と言ったら、満座の乗客は期せずして私に会心の共鳴を与えてくれたようであった。

維新の志士と禁酒

現代の日本人は、酒に対する道義的の観念が薄弱である。酒を飲むことと酒を飲んで乱行することとを、道徳上の罪悪の除外例のように見做して居る。だから昔の人にも、きっと現代人と同じような観念を抱いて居たに相違ないと速断する人も多いか知らぬが、事実は決してそうでない。昔の人でも社会の先覚者を以て任ずるような達観の士は、酒というものに就いて相当な警戒もした。また禁酒の手段や方法も及ぶだけは講じたのである。吉田松陰、勝安房、坂本龍馬、山岡鉄舟の如き偉材が、揃いも揃うて維新の当時に、雄々しくも絶対禁酒主義の実行者であったことを記憶せねばならぬ。そうして観ると英雄必ずしも酒を好んだとは申されまい。高杉晋作が吉田松陰の感化によって煙草を廃したなどは、英雄伝を飾る美談の一つである。高杉は松陰の門弟どもが寄合うて、煙草の有害無害について議論を闘わしているのを傍に聴いていて、その日、その時から禁煙した。良からぬ習慣とその非を悟れば、直ちにこれを改むるに吝《やぶさか》ならざる、革命的健児の俤《おもかげ》が偲《しの》ばれて床《ゆか》しいではないか。英雄伝などに憬《あこが》るる青年等はただ英雄の満々たる野心や、抜山蓋世的《ばつざんがいせいてき》の事業にのみ呑まれてしまわずに、その英雄の心の奥に潜める道念《どうねん》の熾《さかん》なところに留意して学ぶところが無ければならぬ。禁酒界の恩人故安藤太郎氏は、維新の志士等と交際があって、彼の山岡鉄舟とか、勝安房とかいう人物の性行は、審《つまび》らかに知って居られたが、その談にかかる山岡、勝の禁酒に関する逸話〔『増補版　安藤太郎文集』（慧文社・刊）参照〕は、後進の吾々どもが聴いてすこぶる参考になる節が多いのである。これを取り纏めて紹介して見よう。山岡鉄舟は一世の豪傑であって、その本領を発揮したのは明治維新における江戸城引き渡しの当時にあるよう一般に伝えられているが、鉄舟は斯かる政治向きの事柄ばかりでなく、社会に久しく俗をなした因襲や、個人の道徳方面のことにも、果敢なる勇気を鼓して、あらゆる革命的の仕事をなしたのである。彼は英雄酒を嗜むという時代にあって、大いに飲酒の害を認め、千辛万苦のうちに首尾よく自己の周囲から酒を排除し畢《おわ》ったのである。彼は本来よほど酒豪であって、如何なる豪傑と飲み競べをしても決して退けを取るような弱者ではなかった。然るにある動機から断然禁酒を発表したのである。鷲は雀を搏《う》つに全幅の力を用ゆるというが、彼がその鉄石の如き意志をこの一善事に用いて、美事に打ち勝ったのは、流石に鉄舟の鉄舟たる処である。畏れ多くも明治大帝の覚えめでたかったも、決して偶然でないということを想い起こすのである。勝安房は、維新の当時における禁酒のチャンピオンである。彼は壮年時代には、尊王攘夷を唱える浪士や剣客を友としたのであって、この徒輩の多くは、いわゆる慷慨《こうがい》悲憤《ひふん》の国士を気取って、牛飲馬食をしながら盛んに時世を談論したものであるが、勝安房はこれらの仲間にあって、かつて一指を盃に触れなかったのである。彼は境遇や事情のために余儀なくされて、自己の本領を没却するような、薄志弱行の徒ではなかった。勝安房が長崎伝習所から帰って、赤坂田町の茅屋《ぼうおく》に寓居している際、安藤太郎氏（太郎氏の七、八歳頃とやら）は父に随伴して、その仮寓《かぐう》を訪い、酒の待遇ありしことを記憶して居らるるとのことより見れば、当時、勝安房はまだ酒客に対して酒の饗応をしていたらしい。しかし爾後漸々に固有の習慣に打ち勝ちて、如何なる来客にも食事時には飯ばかりを出して、酒類は一滴も饗《ふるま》われないことに改善されたという。然らば勝安房は、純粋の下戸であるかというに、決して然うでなかった。彼は飲むべき口を持ちながら、断乎として盃を排したのである。将軍家茂公が初めて上洛の砌、安房は軍艦奉行の役目というので、順動丸という幕府の汽船に坐乗して、神戸港にその汽船を廻航した時のことであったが、船が神戸に着すると上陸する必要があるので、安房は順動丸の艦長の荒井郁之助と同道して、麻耶山《まやさん》に登った。頃しも正月の松の内、山上の寺院には屠蘇の銚子《ちょうし》が厳めしく座敷の床の間に飾ってあった。ところが安房はこの銚子に眼を着け、矢庭にその銚子を取りあげ、荒井氏に打ち向かい、「荒井さんは確か味淋《みりん》も飲めなかったネ」と言いながら、見る間に二、三杯傾け「ああ大分これで暖かくなった」と本当の下戸と思われていた安房は、何ぞ図らん酒飲みであった。されど、この飲める口を持ちながら、堅く禁酒を標榜して、その主義を実行していたのは、その半面に何事か深く慮るところがあったに相違ない。当時未開な神戸の芋畑の中に設立された勝安房の私塾には、鬼か夜叉かと見紛うような、薩摩や土佐の脱藩士の面々が沢山に寄り集っていたのであるが、その猛者どもの割合に乱暴狼藉を働かなかったのは、安房の固持した禁酒主義の感化力が活気にはやり易き壮士を鎮圧したのである。安房は飲酒家を殊に忌み嫌うた。彼は酒に酔うて小意気な江戸ッ児風を装うて鼻唄を歌ったり、不作法な振舞をするものを蛇蝎の如くに思うていた。故に当時の幕人と勝派のものとは流儀が合わず、自然に江戸の海軍所派と、神戸の勝派とは軋轢を生じて、東西二党を樹立するに至ったのである。然るに江戸派でありながら、荒井郁之助が神戸派の首領である安房に敬重されていた、と言うのはこの人が一滴の酒も飲まず、すこぶる真面目な性格を具えて居たからであったという。

日本の政治家は強度の近視

海のかなたに於ける禁酒の戦いは七年前に凱歌を奏し、既にその国土よりは一掃することを得たるも、更に進んで酒という毒物を地球の全面より取り去らんものと努力しつつある間に、日本の社会では、まだ酒と縁を絶つことが出来ないのみならず、かえって親しんで居るという、気の毒な状態にあるのである。故慶應大学理事石田新太郎氏が、明治三十九年頃、米国スタンフォード大学を去って帰朝せんとする際、総長ジョーダン博士〔David Starr Jordan〕の許に行き、「戦勝国の日本として、第一に努むべきものは何でありますか」と聞いたら、総長は、「禁酒である」と答えた。石田氏は平素より総長を尊敬して居ったが、この答はすこぶる妙に頭脳に響いたので、「然らば第二は何でありましょう」と問い返せば、「第二も禁酒である」と答えられたという。然るに日本では今もなお春夏秋冬の別かちなく、四六時中、酒がなくては夜の明けぬ国と見え、成功すれば祝いの酒、失敗すれば自暴の酒、夏になると暑気はらい、冬の季節は寒さ凌ぎ、舟を浮かべても、山に遊んでも、酒なくて何のおのれが花見の酒、月見の酒、また婚礼から葬式に至るまで、人生ほとんど酒ならざるは無い。実に酒に浸って居る社会である。酒に溺れている国民である。第四代米国大統領ジェファーソン［Thomas Jefferson］はかつて「役人の酒を用ゆる習慣は他の原因よりも多く公事を害して自分に迷惑をかけた。自分もし仮に再び政治を始むる場合には自分は役人志望者に問わんと欲する所は酒を好むや否ということである」ということがあった。グラッドストーンは、かつて「酒の害は、戦争とコレラ病と、饑饉と、この三つのものを合わせたよりも、尚更に恐しい」と言った。またロバーツ元帥［Frederick Roberts, 1st Earl Roberts］は、南ア戦争から帰還したとき、凱旋兵士の歓迎会につき、「戦地において砲煙弾雨の間に駆馳し、幸いに生命を完うしたる凱旋兵士を歓迎するに当たり、酒を用いて名誉ある戦士の身心を傷うようなことがあってはならぬ」と云う警告的注意を与えたそうである。彼は何故にその如くなるか、我は何故にこの如くなるかを対照して、無限の感に打たれつつある折柄、先年、東洋協会の植民専門学校［現・拓殖大学］で、卒業式のあった際、有力なる某貴族院議員は、その席に臨まれて一場の演説《コンメンスメントアドレス》をされたことがあった。その要領に、朝鮮は葡萄の栽培に適して居る。殊に朝鮮に出来るものは、葡萄酒を造るに最も適して居る。今日かのフランスの名高い葡萄酒の醸造高は八百万石であって、これより生ずる歳入は驚くべき巨額に上って居る。実に羨望の至りである。日本は在来、四百五十万石（その当時の造石高）の日本酒を造っているのであって、これから上る税金が、七、八千万円（現在では二億以上）しかないが、こんな酒税くらいでは充分でないから、これより漸々葡萄酒を醸造することを奨励する必要がある。また煙草の産額は内地では千万貫であるが朝鮮では五百万貫であるから、これも奨励して行かなければならぬ。と云うような話であった。よもやこの世界の大勢である、禁酒運動の情勢を御承知ないのでもあるまいに、場所柄をも構わず、今これから学校を卒業して、実社会に出で、まさに活動をなさんとする青年、殊にまだ意志の固まらない若者の面前で、酒と煙草の奨励を主眼とせる演説をなしたというのは、何たる不注意なことであろうか。ある華族から招かれた晩餐の席上私の隣りにいた某県知事は、「自分は日頃常に挽割麦《ひきわりそば》を食うて居るのであるから、こんな真白の御飯をいただくと勿体ないような心持ちがする」云々と吹聴して居るから、不思議に思うてその理由はと聞くと、「自分らが挽割麦を食べるとて別段経済のためでない。これは食糧問題に対する国民的道徳の発露であって、自分としては米を食するも、麦を食するも大した問題でないが、要はただ年々不足する五百万石の食糧米に対し、六千万の同胞とともにその不足を分かつという精神に外ならないのである」と言うのであった。斯くの如き殊勝な議論を吐きながらも、彼は左の手に杯を離さず、熾んに舌鼓を鳴らして居る。そこで私は「君の食糧道徳論は一応ごもっともに聴えるが、日本では『飲まざるも死することなき』酒を造るために『食わざれば死する』米を五百万石も潰して居るでないか。君としては挽割飯を食うよりも、その左の手を利かさない方が、遥かに君の道徳論も徹底する訳であるし、斯くして一県を率いるような知事が多くなれば、日本の食糧米の不足も補い得て余りあることともなり、国民保健および能率増進の上にも著しき効果をもたらすこととなるではないか」と一本参ったのであったが、日本の政治家などの中には、辻褄の合わぬ、名論卓説を吐いておる連中のあるには、時に驚かされることがある。これもその一例に過ぎないが、ある有力なる政治家が私に対って、君は禁酒論を主張するけれども、日本がロシアと戦争することが出来たのは、その当時六千万円ばかりあった酒税が与って力ありしことを御承知ないか。今日でも、政府に取って確実なる収入を形造っているものは二億円以上の酒税でないか。と言うような如何にも恐れ入った議論を、しかも御本人はすこぶる本気で話されているのである。然らば政府の確実なる歳入となっている、この六百万石の酒の結果はどうなって居るかと言えば、この酒の外国に輸出さるる分量は、極めて寡く、その多くは我が六千万の同胞中、酒飲みの咽喉元三寸を湿すために費さるるので、この有害無益なる六百万石の酒を飲むために十五億万円の財産を浪費するのである。これが何故に国家の利益になるか、酒を飲んで人間が幸福を享けるのならばとにかく、その有害なることは、科学上から言っても、社会統計の上から見ても、明確に証拠の挙げらるるものに対して政府が二億万円の端金を獲たいがために、斯かる矛盾した議論を吐くなどは、いわゆる政治家の近視眼には驚き入る次第である。幕府の時代に松崎満之助という儒者があった。この人はひどい近視眼で、書物を読んでいるとき、側にいた猫の眼が金色に光っているのを見て、それを火と間違え、煙管の雁首を猫の眼に当てがったという笑い話がある。私に忌憚なく言わしたら、真面目腐って、矛盾せる禁酒反対論を唱えるような政治家は、この儒者よりもまだ強度の近視眼であると思うのである。こんな政治家が日本の国政を料理するのであるとしたならば少々心細い次第であるまいか。この年額十五億万円という金さえあれば大正八年より今日まで八年間の入超総額（貿易表外の収入もあれば）は二年間の禁酒によって救済されることであって、財政当局が青くなって心配をし頭を痛めて居る必要がないのみか、明治の初年から今までかかって敷設した我が国六千マイルの鉄道全部も僅か一年間有余の禁酒によって建設することも出来るのである。

ロマノフ朝三百年の夢のあと

帝国時代における露国の禁酒断行の結果に関してはセルギイ司教〔日本正教会 Sergius 主教、後に府主教〕の演説中の一部に「ロシアにてはニコライ二世〔Nikolai II〕の英断により禁酒令が発布されてから、僅か一年有余の間に犯罪事故が平常の九割も減り、泥棒もまた九割方減っている。それに国民の健康状態は以前よりも非常に増進し、一切の病人が七割も減少し、軍隊の衛生状態も著しく良好になって、精神病者の如きは、日露戦争の当時にあっては、千人に付き二人の割合であったのが、現今では一万人に付き、僅かに二人の割合になった。しかもある地方では火災が著しく減少して、前には百九十六件もあったのが、今では僅か三十八件に減じた。幸なことには自殺者も少なくなって、前には八十三日間に、その数九百九十六人ほども有ったのが、後には僅かに一人となったのである。禁酒令の発布は殊に著しく、国民の労働方面に好影響を来し、その生産力が、三割乃至五割にまで増進した。それからまた最も著しき事実は、物価が、戦争のため平均一倍以上も騰貴しているに拘らず、国民の財力がかえって増加したので、一九一五年六月三十日における国立貯蓄銀行の帳尻は二百十三億四千七百万ルーブルに達したという。これは大蔵省の官報を以て発表された数字で確実であるが、とにかく、禁酒令施行の以前には、百億ルーブル以上に達したことのなかったものが、一躍してその倍額以上にまで上ったと云うことは、非常に興味のあるまた驚くべき事実と謂わねばならぬ。これを以て見ると、政府の歳入において酒税のなくなった為に九億ルーブル以上の減収を生じ、財政上多大の打撃を受けたようだけれど、その半面において国民の貯蓄力が百億ルーブルも増したのであるから、結局ロシア帝国として財政上だけでもかえって莫大なる利益を収めた訳になるのである」云々。

ロマノフ朝三百年の統治も槿花一朝の夢と消え、ケレンスキー［Aleksandr Fyodorovich Kerenskii］の天下とはなったが、禁酒令は依然その効力を存続し、それまではその影を踏むだに恐れ多く感じたくらいな皇帝や皇后を幽閉するの暴挙を敢えてしても、秩序を維持しつつ刃にちぬらずして一大革命を成就せしは、禁酒が与って力あるものだと云われて居る。然るにその後レーニン［Vladimir Lenin］およびトロツキー［Lev Davidovich Trotsky］の世となり、一九一七年十二月兵士水兵等の冬宮《ウインターパレース》の酒窖闖入事件の突発するや、市中はたちまち泥酔兵士を以て充たされ、婦人までも略奪せる葡萄酒やシャンパンを通行人に売りまわるようになり、白昼殺人、分捕の乱暴横行、政府の力もこれを如何ともすること能わず、酒樽は破砕せられて酒河をなし、街路の雪や泥と混和してポンチとなる。市民はこれを掬《すく》うて食うたという。ますます飲んでますます狂う。ペテログラードが一夜にして修羅の巷と化したる実状を写せるミス・ブキャナン［Meriel Buchanan］の当時の記述、想い起こすも人をして肌粟を生ぜしむるの感あり。マルクス主義の権化を以て任じたるさすがのレーニンも、あらゆる精神的羈絆から脱却せしめて物質的楽園をこの地上に実現せしめんと努力する過激主義も、一時は婦人の共有論まで力説せられたる彼等の社会にも、酒の害には辟易したるものと見え、飲酒に関する制限だけは、ある程度に励行せられ、始めて今日の秩序を維持し居るとは、当時労農露国の現状を視察し来りたる者の直話であった。私も大正九年頃より三年間ばかりシベリア鉄道および東清鉄道の国際管理に際し、政府の代表としてウラジオストクやハルビンその他の地方において親しく白露社界の実状を目撃したが、何等の制裁も取締もなきその間に、犯罪事故の比較的少なき第一の理由は、全く禁酒令の余喘未だ消滅せざるに帰するものたるべしとは、知人等といつも感話を交換したることであったが、最近再び経済上とか何とかと理由をつけてその禁酒令を解いたようだが、定めて再びミス・ブキャナンの筆を煩わす材料の豊富なるものがあるであろうと思わる。

地方的禁酒の効果

米国が今日の禁酒王国となったのは、決して偶然の結果ではないので、全くその主義に忠実なる人々等の断えざる奮闘のもたらした賜と謂うべきである。キャリー［・ネイションCarrie Amelia Nation］という人の書いた『米国カンザス州に於ける禁酒法実行の結果』を読んで見ると、カンザス州の禁酒運動の経過が詳細に分かる。この州の検事総長は、熱心なる禁酒主義の人であったが、禁酒法の実行は思い切った手段を用いてやれば少しも難しいことでないと考えた。すなわち裁判官と、検事と、刑事の三人さえあれば充分であるというので、その実行に着手したのである。当時このカンザス州には、内証で酒屋の営業をして居ったものが沢山にあって、その数実に二百軒以上もあったのであるが、これに残らず閉店を命じ、その命令に背く者あれば重刑に処した。これが為め酒屋は大いに狼狽して、酒の道具を載せて引揚げる荷車が、一時は街路に陸続するほどの混雑を極めたと言われた。随分烈しく行なったものと見える。そこで酒屋どもは官憲に対し反抗の態度に出で、少なからず暴行を加えたそうであるが、官憲はそれに頓着せず、どしどし、最初の目的通りに、禁酒法の励行をしたのであった。同州の禁酒に対する与論の力、州民の声というものが、また実に旺盛な有様であって、ある時このカンザス州知事の選挙があったが、その候補者の一人が禁酒法に反対であるという意見を発表したので、たちまち投票数が十分の一に減じ、竟に落選の不幸を見たということである。何故同州の禁酒法がこのように熾であるかを調査して見ると、他にも幾多の原因はあろうけれど、その州に用いている小学校の教科書のうちに酒の害を説いてあるのが、その有力なる原因であるということが分明された。日本では、小学校の教科書に酒の害が説いて無いでもないが、何しろ活きた教科書である学校の先生達が、遠慮もせずに生徒の前で酒を飲んでいる。九州における某県の小学校が運動会を催した際、子供らは海辺で愉快に弁当を食べて居るに、先生達は掛茶屋で女教師に酌をさせながら酒を飲んでいた光景を見てきた子供が、その父兄に話したということだが、真に不都合千万な話ではないか。その父兄たる者も、また子供の教育と飲酒の関係については無頓着である。彼等は小学校の運動会のある時に、瓢箪《ひょうたん》を提げて往って、自分の子供の運動するのを見ながら酒を飲んで楽しんでいる。しかもその校長はじめその職員に至るまで、これを怪しまざるのみか、それを年中行事の一つのように心得ているのである。而してその運動会がすむと、先生達は慰労の意味か知らぬが、その校舎内において互いに酒を飲んで打ち興じているのである。私が九州に在職中幾多の講演などの機会においてこれを攻撃したが、その後聞く処によれば、その学校では運動会に酒を用いないようになったとのこと、誠に結構の次第ではあるが、生徒の師表たる先生達が進んで自発的なり、あるいは文部当局よりの取締なり、いずれにせよ全然酒を排するにあらざれば、生徒に対してよい感化を与うるなど到底思いもよらぬことと信ずる。もし、この日本の現状を、カンザス州の小学校の教科書にも、また活きた教科書も、熱烈に酒の害を説き示していることや知事の選挙にまで著しい影響を与えたことなどに対比して見ると、実に皎月《こうげつ》と泥鼈《すっぽん》の差違を感ずるものである。話は大分横道に外れたが、ここには是非カンザス州の禁酒法実行後の情況が記述せねばならぬ。同州における大きな靴屋の主人の語るところに拠ると、禁酒法励行されてから、婦人や子供の靴の売れ行きが著しく増加したそうである。日本では跣足で道を歩いている者があるが、西洋では靴を非常に大切なものとし、貧乏人でも破れて水が這入るような靴を穿かないのが普通である。しかし家の主人が酒ばかり飲んで居ると、大切な靴を容易に妻や子供に買ってやることが出来ぬ。そこで妻子は、古靴を幾年でも寿命のつづく限り穿いて居ることになる。靴の売れ行きが沢山になったと云うのは、酒飲みの主人が、禁酒法の励行によって余儀なくせられた幸福の結果を、その妻子に頒つことになったからである。カンザス州の銀行では、禁酒法の影響として百五十万ドルの貯金が殖えたともいい、小学校の生徒が激増したため、新たに十八人の教師を雇入れることになったり、犯罪人が皆無になったため、州の十一県の牢屋の中ががら明きになったことや、精神病者が四分の一乃至五分の一に減少したこと等は、いずれも禁酒のもたらした好結果に帰するのであった。

ここに禁酒後の米国の現状を最簡短に最適切に批評したるユージン・ペンジ氏の有名なる七語を紹介することが、最適当であると思う。

1　人々はより多く幸福になった。

2　人々はよりはげしく働くようになった。

3　人々はより多く生産するようになった。

4　人々はよりよき労働者になった。
5　家庭はよりよく明るくなった。
6　主婦はよりよく立派になった。
7　小児はよりよく清潔になった。
この1より7までは我が国にも実現あらまほしき次第であって、著し我が国より酒をなくすることが出来たならば、
一、各自心身の健康は申すに及ばず、今日の悲惨事の大部分は根絶さるべしとは思わざるや
二、サボタージュ気分の今日の労働状態は一変して、振り翳《かざ》［す］槌《つち》にモット力が這入るようになるとは思わざるや
三、自然の結果として生産能率も高まり輸出入の逆調も転じて順調となり
四、労働者の品位人格も高まり立派なものになろうとは思わざるや
五、家庭の団欒和楽を破壊する一大原因もなくなるとは思わざるや

六、これまで勤労報酬を横取りしつつありし酒屋へ、または料理屋への支払いが主婦の方にもまわる余裕が出来て身奇麗にもなり

七、最も多く犠牲にされて居た小児までも小ザッパリした服装で愉快に学校通いも出来るだろうとは思わざるや。

制空と禁酒

ヴォルテール［Voltaire］かつて「英国は海を支配し仏国は陸を支配するであろう」という時に、傍に人あり、ドイツは如何と尋ねた。ヴォルテールは「左様、マー空でも支配するのでしょう」と答えたそうだ。当時ドイツは哲学の思索や科学の研究に余念なかりしを以て嘲笑的に冷評したものであったが、欧洲大戦にはその冷評的予言が実現したのであった。実に今は飛行機の世の中というてもよいくらいであるのに、我が国の飛行界の貧弱なる有様を見ては黙って居られず、長岡［外史］中将などは飛行機狂と云わるるまでに到る処で国家の危機を熱心に力説して「日本では現在飛行機が九百台（私有に係る台数をも含む、各国の数また同じ）しかないのに、米国には約三千台、フランスには二千二百台、労農露国ですら七百台ある上に、昨年の予算には更に一千台以上を新造する計画なりという。既にその数において非常な懸隔があるのみならず、またその力においても甚だしく劣っているのである。今日の記録にては、最早三万九千尺の上空を飛んで居るのに、日本ではヤットその二分の一くらいの高さを飛ぶに過ぎない。またその速力の如きも、一時間二百八十マイルのレコードをつくって居る。これを東京―下関間の特別急行列車に当てはめると、その平均一時間三十マイルの速力で二十四時間を費して居る処を、飛行機の最大速力ではオマケにカーヴも勾配もないとすれば、距離も短縮するから、二時間もかからないで行ける訳である。飛行機も今より十年前には僅かに五十九秒間距離百三十間《けん》を飛べただけであったのが、今ではリンドバーグ［Charles Augustus Lindbergh］氏の大西洋横断は美事に成功せられ、太平洋横断は勿論のこと、世界一周飛行も計画せらるる訳である。外国政府は、その研究、その発達のためには、少しも惜まず莫大の費用を投じて居るのであって、仏国では民間航空奨励費に一年に二千万円も使って居ると云うのに、我が国ではこれが為にはその何十分の一しか使っていない。米国では二千以上の飛行場数があるのに、日本には十ばかりしか無いのである」と叫んで居らるるのである。日本人はややもすると大和魂があるというて自慢をする。安心をして居る。なるほど、大和魂は日本の国家を維持してきた大切の要素であるが、ある海軍の士官が、大和魂は専ら陸軍に効用があるけれども、海軍には駄目である。海上の勝負は手っ取り早い、一発の水雷で軍艦は沈没する、斯かる場合に大和魂ある者が生存して、無き者が死することにならぬからだと言った。これは一場の戯談でもあろうが、この話を飛行機に応用すると、適切な教訓があると思う。如何に偉い人が下で威張っていても、空中から投下する爆裂弾や、毒ガスなどの襲撃には辟易せざるを得ない。しかも近頃、可能になった傘のような仕懸けで、光弾を放って、それが長時間空中にあって、その五万燭光《しょくこう》からの光で十分偵察された上、地上の建造物を目懸けて恐るべき爆弾を投げられたらどうするつもりであるか。米国が世界第一と誇る戦慄すべき大爆撃機バーリング [Witteman-Lewis XNBL-1 "Barling Bomber"] の如きは発動機六個、爆弾二千四百キログラム、機関砲六門、乗組員十一人を乗せて東京―ウラジオストク間を往復することが出来るという話である。現に欧州大戦中には独軍より空中攻撃を受けたること左の如く、

市街名	総回数	死傷	爆弾数
ダンケルク市	一七七	死四二四 傷八八八	五、〇九二
パリ市	七〇		一、五〇〇

市街名	総回数	死傷	爆弾数
ロンドン市	五七 外飛行船五一	死一、二六〇 傷三、五六〇	

これらの都市の損害が投下弾数に比し極めて僅少なりしは、一に安全なる地下室および地下鉄道を有し、且つ多数の空中監視哨と観測通信網とにより、速やかに敵機の来襲を市民に予告して避難時間を与えたる為であるが、地下室も地下鉄道もその他防備機関もない我が国においては実に戦慄すべきではあるまいか。航空機はまた焼弾を投下することが出来る。これは一機一千発以上も積載されるのだが、仮に十機二十機が同時に、日本を襲うとなればどうする。日本の建築は燐寸《マッチ》箱《ばこ》のような粗造のものであるから直ぐ焼かれてしまう。この焼弾で東京、大阪、京都、名古屋の如き大都会を黒焼にするのは雑作もないが、それで兵器廠や製造所などを焼き尽くされてしまって武器の製造も人間の衣食住の根拠をも断たれたら、如何にして戦争ができるであろうか。仏国航空団長フォール［Jacques-Paul Faure］大佐が「東京などは三時間あれば焼夷することが出来る」と語ったそうだが、「何たる妄言か」くらいに平気で居られ

るでしょうか。戦争になっても飛行機は遠方から飛んで来られまいと思う人があるかも知れぬが、現時の趨勢を見ると、飛行機の速力および在空時間の長さは驚くばかりに進歩しつつある。仏国の学者は、一時間、速力三百マイルまで出して、五十時間飛べるようになるはずだ。もしこれを信ぜざるものあらば、その人は機械学と数学の何たるを知らざるものであるとまで宣告して居る。田中舘《たなかだて》［愛橘《あいきつ》］博士の話に、東京からロンドンまで一万メートル以上の高空を飛行すれば僅かに十六時間にて達し得られるし、そして時の差が九時間ばかりあるから、実際において七時間ほどで行けることになるという。さすれば夏の日永に、飛行機で朝早く出懸ければ、ロンドンに着いてから湯にでも入り、それから昼食をするということも、まんざら空想でもないようになって来つつある。飛行機のことは国家の財力が許さないという申し訳（実の所は酒のために国民が浪費する一日分四百万円くらいを振り向けてくれれば何でもないことであるが）に盲従して置くとしても、せめては御自慢の大和魂でも出して、飛行術の点に於いてなりとも、欧米を凌駕するという意気があれば心強いが、日本の飛行家は酒ばかり飲んで居るものが多いと云うことだ。先年日本にきた宙返りの名人アート・スミス［Art Smith 本名 Arthur

Roy Smith］などは、絶対の禁酒家であった。飛行家には酒が禁物であるというのに、昔の船乗りのように「板一枚下は地獄」とでも思って酒を飲むのか知らぬが、これは甚だしく間違った考えである。数年前、大宮の公園の旗亭で、裁判官と飛行将校とが酒の上から喧嘩を始めて、怪我人まで出したという事件があったが、実に恥ずかしき次第である。これではとても飛行家たるの資格は無いと断言されても申し訳があるまい。先年四日市で宙返り飛行を演じた、米国青年飛行家が知人に書翰を送って、「日本の高空飛行の記録を破ったばかりのたった今でも、自分の手は斯くの如くしっかりして居る。ただ今差し上げる手紙の文字が証明する。これ全く私が酒を飲まず、煙草を喫わざる結果である」と言い、また「酒と煙草と女とを棄てざる限り、日本には偉大なる飛行家は生まれない」と断言した。H・G・ウェルズ［Herbert George Wells］はその著『アンティシペーション』［Anticipations of the Reaction of Mechanical and Scientific Progress upon Human Life and Thought］の中に「これまでは海を制したものが勝利を占むることになって居ったけれども、今後は空を制したものに帰するであろう」と云って居るのに、金がないからとて飛行機を製作することも出来ず立派な飛行家も出ないとしても、まだ酒が飲みたいのであるか。実に国家の前途が思い遣らるるのである。先年、経済調査会という大規模の委員会が組織され、六十余名の朝野名士を委員とせられ、幹事だけでも二十余名も挙げられたことがあった。第一に酒と経済の関係問題でも調査さるるならんと信じて居たが、更にそんな気配もなくって消えてしまった。今回設置された人口食糧問題調査会の如きは、最も多く最密に酒と関係を有するものであるから、多大の期待を有って居ったのであった。然るに産児制限の問題まで出たとの噂は聞いたが、酒との関係はまだ一向話に上らないようだから、その会長たる田中総理大臣宛禁酒同盟理事長たる私より意見書を提出してその考慮を促して置いた。せめてはこれだけなりと曩の経済調査会とは、運命を同じうしないように希望して置くのである。内務省方面では日頃は随分社会事業の調査研究も進んで居らるるようだが、酒の問題に就いては意見を公にされたものあるを聞かないようである。まさか大蔵省に遠慮されて居るためでもあるまい。さりとはあまりに心細くも、不思議にも感ずる次第である。

左に世界六大国の現有勢力比較（昭和二年十二月現在の各国陸軍省海軍省所管に属するもの）を掲げて参

考に供す（日本は世界の第五位にあるを記憶しなければならぬ）

国名	飛行機数（台）	飛行船数	航空母艦数	関係人員（人）	予算額	将来の計画
日本	約五〇〇	二	三	士官 六〇〇 下士官兵 五、二〇〇	（円）二七、〇〇〇、〇〇〇	昭和四年度までに飛行隊三隊半を増設合計十七隊となす
米国	約一、〇〇〇	二	七	準士官以上 七八一 下士官兵 四、四八一	（ドル）一九、九八〇、〇〇〇	一九二七年より一九三一年まで五ヶ年間に八五、〇七八、七五〇ドルを以て飛行機一、六一四台、発動機三、二二八台を新造す、一九三二年以後は毎年三三三台ずつを補充し一千台を常備維持す
英国	約二、〇〇〇	二	八	士官 三、四二三 下士官兵 三〇、〇五一	（ポンド）一九、九九〇、〇〇〇	一九三〇年までに更に二十五隊半を増設する予定、完成の上は中隊総数八十四隊、人員四万人、第一線用の飛行機一、三五〇台となる
仏国	約四〇〇	一四	三	士官 二一〇 下士官兵 三、六〇〇	（フラン）九九、七五〇、〇〇〇	一九三八年までに動員時五十隊、平時三十五隊を完備
伊国	約一、五三〇	四	一	士官 九四二 下士官兵 一三、八八八	（リラ）七〇〇、〇〇〇、〇〇〇	一九三〇年度までに百八十二隊とし、別に航空船六隻を完成せんとす

国名	飛行機数（台）	飛行船数	航空母艦数	関係人員（人）	予算額	将来の計画
露国	約一、二五〇	〇	一	士官 下士官兵 八、〇〇〇	（ルーブル）三三、一六五、〇〇〇	今のところ将来の計画不明

文明利器の悪用

酒の有害なることを知って居るものでも、社交上にはそれを最も必要物と認めて居る。学者などはそれほどに思わないか知れぬが、商人や実業家や政治家などには、酒抜きの社交ができないように考えているものが多い。彼等は真面目で話ができないから、打ち寛いでという触れ出しのもとに、対手の精神を失わせ常態を紊《みだ》させ、呂律《ろれつ》の廻らなくなったところで、目的の話を持ち出し、尋常では解決されない難問題でも、聴き届け難い事件でも、待合にては容易に結了せられ、願望成就するのである。東京の木挽町《こびきまち》に待合新道というのがあって、丁度、農商務省と逓信省との中間にある。細い路地の両側には沢山の待合が軒を並べて居って、大震火災前までなどは、夜になるとその主人の供待ちをして居る自動車が多数に勢揃いをしている光景を見たものであった。その全部が、いわゆる待合政略を行う人のみであるとは断定しないが、中には人間の弱点を曝露しつつある間に、他人を犠牲にして自己の利益を収むる会合と見られても仕方のないようなものも尠く無いとしたらば、実に驚くべきことではないか。私は時々その附近を通行することがあるが、何時も御主人と晩食の卓を共にしたことのない奥様に同情を表すると共に、この自動車という文明の利器に対して、気の毒に思うのである。主人公に言わせたら、「タイム・イズ・マネー」などと減らず口を叩くであろうが、御自身には待合で不生産的に時間と金銭を浪費して居ることは棚に上げて置いて、人の前で理窟いう時だけ、偉そうなことを饒舌ったところで、誰も承知するものでない。こういう人達は、さあ今から酒飲みに行こうと思えば、急速力で直ぐに料理屋へでも待合にでも行けるし、散々に馬鹿騒ぎをした後で午夜《ごや》帰宅しようと思えば急速方で戻り得るから、遊興の時間を長くすることが出来て、自動車は便利のものであると思って居るだろう。要するに文明はその結果から見れば閑時間《レージュアー》を作りつつある努力であるとも言い得るのである。科学の進歩は一日も二日もかかる仕事を一時間でも出来るように一週間もかかる旅行を数時間で運んでくれるのである。この力や時や金の剰余を善用し利用して人類の幸福を増進するこそ必要ある心懸けであるべきに、利己主義を助長することのために文明の利器を悪用して力と時と金とを浪費するなど、とんでもない料簡違いである。

市参与の披露晩餐会

今より五年前私は東京市の参与に選挙せられ、電気局長の椅子に就いた。前例により市長を始め市の幹部および市会議員一同を招いて披露の宴を張ることにした。かかる場合にいつも起こる問題は、自分の平生の主義といかに調和すべきかであって、その際も内にも外にも幾多の難関はあったが、遂に意を決して招待状を発した。しかし不意打ちもよろしくあるまいと考え、酒抜きであることを案内状に書き添えて置いた。たしかその翌日であったと記憶する。給仕は市会議員野々山幸吉君の名刺を取次いで来た。初対面の挨拶がすむかすまずに野々山君は「あなたはよくも思い切ってやって下すった。おそらくは江戸の町始めっての宴会であろう。自分は当日は用事はあるのだが、いわゆる万障を排して出席する。端書で御返事もなんだか不満足の感があるから、自身で推参して親しくこの感じとお礼とを述べるのである」と。それから自身の禁酒主義者で在らるることや、幾多の経験談などを話してくれた後「御招状は石版刷のようでなんとなくものたらないから、おひまに自筆にて同じ文句を書いて下さらないか」との依頼であった。私は決心はして出したものの成績はいかにあらんかと内々心配して居った処であったから、この福音は実に幸先よしと喜んだ次第である。当日までに欠席の通知を受けたもの僅かに四人、しかも酒抜きの為でないとかあるいは無拠《よんどころなき》前約《ぜんやく》の説明附きのものもあった。会場は帝国ホテルであったが、酒抜きであるかわりに献立《メニュー》や装飾《デコレーション》等には特に注意をしたのは勿論、私の娘にもピアノを弾かせたりなどして十分興を添えるやら、室内を庭園のようにしたり種々趣考をこらした。席定まると共に、私は一と通り、自分の多年堅く守り来りし主義の説明にかえて市民の生命財産の安全に重大な関係ある、市電の事業は一杯機嫌でやるという不真面目な不緊張な精神を許さないから、その主脳者たる私もその模範を示さなければならぬは勿論、監督者たる諸君もその御積りでこの酒抜の宴席に満足して緩くり歓談あらんことを希望する旨の挨拶をした。ちょっと風変わりの趣考だけあって、主賓の答辞も、有志よりの数番の演説もなかなか振るったものであったが、主客共に歓を尽して時刻も相当に移って散会した。後から聞いて見ると、どうしても腹の中の酒虫が言うことをきかぬのでホテルのバーを賑わしたる連中も二、三人はあったらしい。私の約三年の公吏生活中は、よるとさわると禁酒と私とはつきもののように話題にされたものであった。顧みればその長き航海中、ことにお仕舞い頃はあるいは風あるいは雨の日もあったように記憶する。ある消息通は「それは君が酒を飲ませさえすれば何でもないことだ」とさも穿ったように話するものもあった。なるほど玉石混淆の世の中だからそんな卑劣な考えの持ち主もないでもあるまいが、よもや大東京の真中における市民の選良中にはと思わしめる理由もあるのであった。私が市の役人になる前にも随分そんなおどかし話を聴いたものであったから、酒抜きの披露宴を催したことは自分の主義上そうあるべきであるのは勿論であるのと同時に、一つには私の公吏生活の運命を卜《うらな》う天気予報でもあった。如何となれば、もし市会議員がこれしきのことを了解する雅量がないとすれば、この度の航海は初めより時化《しけ》るものと覚悟をきめなければなるまいと思ったからであった。然るに案ずるより産むが易い盛会を見て一と安心をした次第であった。

徳利は読んで字の如くならず

私が台湾にいた頃、未明に「御面会人があります」と女中が取次いできた。その来訪者というのは某会社の支配人であったが、「夜も明けず、まだやすんで居るから、火急の用事でなくば御免を蒙りたい」と断らせたら、御迷惑であろうが、是非というので、その来訪者に会って見ると、「自分はとんでもない失敗を致しました。実は昨日、相撲見物に行ったのですが、贔屓《ひいき》の相撲が勝ったので、その力士を連れて料理屋を二、三軒まわり、三次会、四次会までは意識が朧《おぼろ》げにあったが、その後の成り行きは更に分からず、ふと眼を覚ませば、自分の家に寝て居って、妻と娘は枕頭《まくらべ》で泣いて居る。その訳を聞くと、昨夜半に帰宅の際は、身体は俥《くるま》の蹴込《けこ》みの中に落ち込み、羽織は失われ、着物も泥だらけ、また何処かで顚倒でもしたものと見え、身体の其処彼処《そちこち》に怪我をして居て、この有様では一家の大切な主人の身の上にいかなる災難があるかも知れぬと思えば、夜の目も眠られず、行末を案じ暮らして二人とも泣き明かしたという始末を聞いて、実に自分は済まぬことをした。妻子に心配を懸けたのが申し訳がない。こう気が付き断然意を決して、この時刻はずれに憚りなく御伺い申した次第である」という。私が平生から忠実なる禁酒主義者であることを承知していて、改心するや否や、一番最初に私の許へ駈け込んだものであることが分かった。支配人はなお言葉を続けて、「どうぞ今から弟子入りをしたい。しかし入門に先だって御伺いしたいことがある。と言うのは御承知の通り自分は御用商人であるので、あなたのように禁酒主義が実行されるか如何を案じて居る。あなたは今日までこの主義のために交際上に種々なる御困難があったろうと推察するが、それを如何にして切り抜けて来られたか、その実験的方法を御教示に預りたい。これさえ合点が行けば、今から断然志を決して御弟子になりたいと思って居る」云々。私はその殊勝なる志を喜んだ。それで「禁酒の実験談も致しましょう、またその方法をも御教授申そうが、しかしその話す前に訊きたいことがある。それは貴方が断然酒を禁《や》める決心ができるかどうかという一事である。まずそれを承ってからのことと致しましょう」と答えたら、支配人はやや暫し黙考していたが、「断然決心いたします」と言い放った。そこで私は「その決心ができたのに殊更方法を御授けする必要がありますか」と言えば、「この上は方法を承るまでもない、克く意味が解りました。決心をなす上はきっと実行して見ます」との一言を残して立ち去ったのである。それから私はすぐに禁酒会長の許に電話を掛けた。「つい今先き、斯々の人が来て、禁酒実行の決心をして帰ったのであるが、あるいは一時的の感情も伴っていたものとすれば、その永続は困難であろう。殊に誘惑も多い職業であるから、速やかにこの人を訪ねて、禁酒会員の標札をその門に張り附けるがよい。また徳利や盃のような酒道具を見ると再び憶い出して飲みたくなるとわるいから、これも一切貰い受けて来るように」と。会長は直ぐに参りますという返事であった。私は更に書翰を認《したた》めて、その新入生たる支配人に「それ徳利《とつくり》は読んで字の如くならず、瓢簞は鯰《なまず》を捕らうるの利器に非ず」云々と奨励の言葉の末文に書き加えて申し贈ったことを記憶して居る。自画自讃ではないが、確かに鯰髯《なまずひげ》をはやした御役人相手の御用商人の酒飲みには適中する警句だと信じて居る。一時は酒のために利益を得たように思われても、結局は失敗に終わるべき運命をもって居る。然るに不思議なことには下戸の建てた倉は無いと言う俗謡があるが、さりとて上戸の建てた倉は何処にもないようだと尋ねて見ると、灘七郷にはあるという面白い話をかつて故江原素六氏より聞いたことがあった。同氏の親族に、大阪奉行をされた河村対馬守〔定真〕という人がある。ある時自分の管内の灘七郷を巡廻された。此処は酒屋の倉が五里も続いて俗に「灘めごり」と称えられて居るところで、毎年何十万石という彼の灘酒を造って居るのである。河村対馬守は元来禁酒家であられたそうだが、この酒倉の建て連ねてある光景を見て一首の狂歌を読んだ。「来て見れば江戸のあぶらの灘めごり上戸の建てた倉はこの倉」と。江戸の者が膏汗《あぶらあせ》を流して働いて溜めた金で、酒は灘に限ると、舌鼓を打ち鳴らしながら悉皆《すっかり》飲んでしまうのである。上戸自身は破産して灘の酒屋の倉を建てて遣るのである。これに反して下戸の建てた倉はないどころか沢山あるのみならず、人の倉を建ててやるのでなく、悉皆自分の倉を建てるのである。その一例として一つの美談を御紹介して見よう。一昨年の紀元節に大連にある救世軍は例により禁酒演説会を同地に開いた。そこへ奥城某という年若い酒屋の主人が入り来り熱心に聴いて居ったが、深く心に感ずる処ありたるものと見え、会の終わるを待って進み出ていうには、「自分は酒屋の主人でありますが、今後は自分で酒を飲まぬばかりでなく明日から酒を売らないと決心しました」と告白し、翌朝早速民政署に廃業届を出してしもうた。そんなこととは知らず近所の人々徳利をさげて酒を買いに行くと硝子戸の上に大きな広告をして、「禁酒会員になりましたから酒屋を廃業致しました皆様にも禁酒を御勧め申します」と張り出してあるから皆吃驚《びっくり》した。「君はよくそんなに思い切って廃業が出来たが、どうしてそんなに美事にやりぬいたのか」と問うと、奥城君の答に「それは一つは演説にも感心したからだけれど、一つは予てから思い当たるところがあったのです。私は父を喪うて母と一緒に二人の弟の世話をして居りますが、時には二人の弟に向かい、酒を飲むな堅気に働いて立派な人になってくれというて居る処へ、お客さんが来られると、ハイこれは上等のお酒であります、沢山召し上がって下さいと、いかに商売のためとはいえ弟には正直に親切に、他人には飽くまで不正直に不親切に、どうしても心に承知せぬもののあった処へ、指で眼球を抉《えぐ》らるるように急所を突いた演説を聴いて早速廃業の決心をするに至りました」と。その後母親と相談をして昆布巻屋を思い付き、新しい商売を始めたところが「あの酒屋を廃業した感心な男が昆布巻屋を始めたのだ」と人の同情も加わりて大評判になり、いくら造っても足りないほど繁昌するようになり、今度は些《ちっ》とも良心の疚しい処のない稼業であるから愉快に熱心に勉強する。すればするほど繁昌する。ここに奥城君は幸福なる家庭の主人となり、また救世軍の兵士となり信仰の道を励み、立派なる奉仕の生涯を送りつつあるという。国民にはしきりに勤倹を奨励しつつある政府当局者や、少年青年等には真面目な立派な心懸けとか心身の保健などを教え将来の日本をその双肩に担う者の資格などを指導しつつある言に敏にして行に訥なる先輩や教員連中は少しく奥城君に学ぶべきではないか。愧かしくはないか。前に述べた某会社の支配人もその後禁酒界の勇将として各地に転戦して相当の功績を顕わし、またその妻女も今ではキリスト教徒となったという話を聞いたが、主人が読んで字の如くならざる徳利を擲《なげう》ったものは啻《ただ》にその一身を幸福にしたばかりでなく、その全家庭をも楽園に変えたのであった。

涙と酒

ハウプトマン〔Gerhart Hauptmann〕の『沈鐘《ちんしょう》』〔Die versunkene Glocke〕という劇に、このような悲哀なる筋が画かれてある。ハインリッヒという鋳物師が、小高い山の上で怪しい婦人と酒を酌みかわして楽しんでいると、村里に残しおいた子供ら二人が、麓の方から何か大切そうに液体を入れた小さな瓶を抱えて、坂路を登って来るのである。父親のハインリッヒは、それを怪しみ、「お前たちは此所まで何を持って来たのであるか」と問うた。子供等は「この中のものは阿母《おかあ》さんの涙です」と答えた。筋は誠に単純であるが、そのうちには無限の教訓が含まれている。良人なる者の不品行と、その妻女のいい知れぬ憂愁とが極めて簡短な語句のうちに説き尽くされてある。我が国にてもこの劇にあるような哀れな、痛ましい、聴くさえ断腸の思いをする、飲酒の上の不幸な話が、到る処で見聞されるのである。「これほどのうきめを見ても我が酒はやまぬものかと呆れつつ飲む」とはほんとうに酒飲の心情を穿った狂歌である。ある小学校にて生徒をして各その家庭の有様をそのままに文を書き綴らしめたるに、一生徒は「内のおとうさんはお酒を飲んで毎晩遅く帰って来て、おかあさんを打ったり蹴ったりする。僕が今に大きくなったら仇を打ってやる」と書いたという。小児心にもこれほど痛切に酒を仇にして居る。先頃某県へ講演に行った序に、その県立高等女学校より禁酒演説を頼まれた。その時にこの劇の話をしたら、前の方の側に居った一人の生徒の泣いて居るのを見た。後から聞くと後の方にも二、三人しきりに泣いて居ったという。感情の強い女生徒とはいうものの、一場《じょう》の話を聞いて泣くまでに感ずるとは、雄弁にその家庭の有様を物語るものであって洵《まこと》に同情に堪えない次第である。酒はただ家庭を破壊するばかりでなく、社会を破壊するばかりでなく、延いて国家の衰亡を招くに至るのである。酒に泣く者は決してこの劇にある妻女ばかりでない、およそ国家の休戚《きゅうせき》に関し常に心を用いて居る人々の、憂慮措く能わざる問題なのである。然るに我が国では飲酒ということが割合に無頓着で、国政を料理しつつある政治家や、国家の干城たるべき軍人でも、乃至は教育家でも、実業家でも、この国家の運命にかかわる大問題に対し、すこぶる冷淡で、あたかもこれを対岸の火災の如く考えたり、中には飲酒をさほど有害とも思わず、国家に対し重大なる責任ある身をも打ち忘れて放縦なる生活を送り、その大切なる身心を甚だしく傷害しつつ、なお酒杯を擲つことの出来ない者が決して尠くないというに至っては、実に慨嘆に堪えないのである。私は斯にわが社会の頽敗せる現状を、まのあたり目睹《もくと》するにつけ、どうかしてこの酒を我が国民の生活から取り去りたいものと思い、演説に、文章に、もしくは禁酒団体の設立に不断の努力をしているのであるが、奇態なことにはこの堂々たる禁酒主義の鼓吹や運動に対し辻褄の合わぬ皮肉な軽蔑の辞を浴せかけたり、冷笑したり、黙殺したりして徹底的の自覚をせないというのは如何なる理由であるか、ほとんど了解に苦しむのである。酒を禁《や》めるか、酒を飲むか、この二つの決定が向上するか堕落するかの分水嶺であり、天国と地獄の境界である。先年我が国へ来られた斯界の権威の一人である、ミス・ディンリンの演説中に「米国では飲む方をウェット（湿）飲まぬ方をドライ（乾）とも申しますが、ある人が禁酒法（ドライ・ロー）は惨酷にも労働者の唯一の慰めである杯をその手より奪い取るものであると間違った反対意見を発表して居るようであるが、焉《な》んぞ知らん、この「ドライ」は労働者とその家庭の涙を乾す（ドライ）なのである云々」と力説して居ったが、実に涙と酒とは無二の親友である。

彼我政治家の態度

私は日本の政治家が「未成年者禁酒法案」というが如き、真面目な問題に対したる態度に慊焉《あきたら》なく思うたのである。本案に対して意見を異にせしものは致方《いたしかた》がない。またその採否の如何も強いて今問わんとするのでもないが、該法案の経過を見ると、その議場に現われたる時にも、あるいは新聞紙上の批評などにも、何時も嘲笑的に皮肉られたり、冷評されたりした。而してその議院を通過したのは、法案そのものの価値よりも、提出者の熱心に免じて詮方なしにと云わぬばかりに取扱われたのであった。これは直接禁酒の問題ではなかったが、第五十議会において、教育費国庫支弁額二千万円を当該年度の予算に増額せしめんとする閣議案の際かと思うが、我が国の議会の歴史において未曾有の修羅場を現出した。提出者も討議者も熱誠の余りこの挙に出でたものかは知らぬが、さりとてはまたあまりに没常識非条理のことではないか。今日我が国の教育費は年額三億五千万円以上その他一切の関係費用を合算すれば四億五、六千万円にも達するという、真に盛んなりというべしである。然るにこの増額たる単に彼我が負担額の増減に止まるものではないか。よしそれだけが増されたとしても、これを全国にある四万五千の学校一千一百万の生徒の頭に一校四百四、五十円ずつ一人二円ずつくらいの影響に過ぎないではないか。しかしそれはそれだけの利益はあるには違いないが、車夫馬丁にも譲らざるくらいならばまだしもであるが、口さがなき京童をしてまるで動物園のようだとまで評さしめたる乱暴狼藉を敢えてしたる事実の教育上に及ぼす悪影響悪感化に想到する時は、比較にならぬほどの大損失たるを免れないくらいのことは分からない方々でもあるまいと思う。而して能く聞いて見ると、その間に党派的利害の懸引や感情などはいつもながらの原因をなして居るは勿論として、他に酒の影響が大いに与って力ありしとのことである。なんでも百日間の開会中、議院内の酒場で売れる酒の高は八石なりしというから、休日を除いて平均すれば一日一斗以上ずつ酒好きな議員方が飲まれた訳だからたまらない。「四日目に空き樽を売る李白かな」という川柳があるが、議員が酒を飲んで埒もない喧嘩をするよりは李白に飲まして千古不磨の名詩を毎日百篇ずつ遺して置いて貰った方がどれほど利益か知れないと言いたくなる。本年春新潟における全国禁酒大会の席上にても「貴衆両院議員は重要なる国政審議中は飲酒を禁ずるようにして貰いたい」という建議案が決議せられたくらいであった。国政を議する重大なる責任を有する公人等のために惜しみてもなお余りある次第である。日本の政治家は、兎角、花々しく見える人気のある問題には、かなり熱中して大騒ぎをするのであるが、婦人や酒に関する問題になると、自分等の不身持ちに近火の警鐘と聞こえる為でもあるのか、但しは東洋流の豪傑を気取って胡麻化しているのか知らぬが、これを小問題として冷評軽視せんとする傾向がある。その他、何事につけても不真面目で、物質的で、決して精神的でないということは争うべからざる事実である。私はここに英米政治家などのことどもを想い起こすを禁じ得ないのである。彼の大宰相グラッドストーンが、かつて数日間も何だか怏々《おうおう》として楽しまず、ふさぎ勝ちに日を暮らしていたことがあった。そこで友人らは心配して、何事の苦労があってそのように鬱々と日を過ごすのであるかを尋ねたら、グ翁の答えに、「実は自分の召使の一人に小言を云うたことがあったが、その中に自分が悪かったと思うことがあって、心が咎めている」と。グラッドストーンの如き大政治家が、微々たる自分の召使に対する一些事が原因となり一週間も懊悩したという如き、また彼のブライアン［William Jennings Bryan］が日本に来朝したとき、堂々と禁酒主義を標榜して、上野における歓迎会に水杯を挙げて、東郷［平八郎］元帥の健康を祝したことや、ルーズヴェルト［Theodore "Teddy" Roosevelt］が微醺《びくん》を帯びていたという簡単なる一記事に対し、その新聞社［ミシガン州の地方紙 Iron Ore］を対手取って、法廷に弁論を惜まなかったことなどは、共に東洋流の豪傑の前には半文の価値もないか知らぬが、政治家の態度として如何にも立派な男らしい話ではないか。彼等はこれあるがために大政治家としての、偉大《グレートネス》を少しも傷つけざるのみか、かえってその人格の輝きを増すのである。

ロイド・ジョージ［David Lloyd George］が大蔵大臣の椅子に在りし時、議会において財政方針を滔々三時間にも亙って演説したことがあったが、その論旨の尽きないうちに疲労の色が見えたので、反対党の首領バルフォア［Arthur James Balfour］より休憩を求め、更に元気を回復してその論旨を続けられんことを提議したので、暫時休憩の後ロイド・ジョージは、また一時間に余る演説を続け、竟にその大演説を了ることが出来たという。私は日本にロイド・ジョージの大演説の無いことを恨むよりも、議会にバルフォアの如き、立派な紳士的態度の無いことを遺憾に思うのである。大戦当時首相アスキス［Herbert Henry Asquith］が、議会に於いてなしたる大演説のうちに、「英国はこの戦争に関して、実に貴き犠牲を払って居る」という一句があった時に、味方党といわず反対党といわず、いずれも悲壮な感に襲われて、満場さながら水を打ったように静粛になったそうである。これはレイモンド・アスキス［Raymond Asquith］と云う、当年三十歳かになる首相の令息が戦死したことを一同が期せずして思い起こし、非常なる敬意と同情を、その親父たるアスキスに払うたからでもあろうが、こういう真面目なる森厳なる態度は実に羨ましいのである。我が国の政治家の中には、禁酒問題の如きは、法律の力に俟って解決すべき性質のものでないと主張する人が多いようである。これは一説には相違ないが、米国にも同種の議論をなすもの、彼のコーレン［Henry Curran］、ステートン［William H. Stayton］、フランクリン、セネーター［上院議員］・エッヂ［Walter Evans Edge］、フォックス［Austen G. Fox］等の諸氏を初めとしてないではないが、彼等のいう処を一括して見ると、法律を以て目的を達することは困難であるのみならず、幾多の弊害も伴うから、地方的選択《ローカルオプション》的に州の自治に一任して置いても、これまで通りの効果を収め得らるるでないか。中央政府にて一律にこれを法定することは各州の自治権を害し、法律の尊厳を傷つけ、教会の権威を失墜せしむるものである云々、というが如き論点にあって、未だ禁酒そのものに反対であるというものはほとんど聞いたことはない。然るに我が国における反対家の多くは自家の利害の打算上、しかもこの問題に関する知識もなくまた研究もせずに、単に一種の理窟を考え出したるに過ぎないのでは［な］いかと思われる。私は斯かる人達に禁酒が社会問題として、如何に世界で研究されているかを知るために、英国シャーウェル［Arthur Sherwell］氏およびローントリー［Joseph Rowntree］氏の共著に成る『禁酒問題及社会改良《ゼ・テンペランス・プロブレム・エンド・ソシャル・レフォーム》』［The Temperance Problem and Social Reform］、また米国における禁酒問題の公正なる賛否論を知ろうと思わるるならば「米国社会及政治大学会《アメリカン・アカデミー・オブ・ソシアル・エンド・ポリテイカル・サイエンス》」にて一九二三年出版したる『禁酒及其励行《プロヒビション・エンド・イッツ・エンフオースメント》』［Prohibition and Its Enforcement］と題する定期刊行物（朝野三十余の知名の士より各自の賛否論をありのままに掲載したるもの）および一昨年出版されたイェール大学経済学教授フィッシャー［Irving Fisher］博士の『禁酒の最低評価《プロヒビション・アット・イッツ・ワースト》』［Prohibition at Its Worst］くらいを一読して貰いたいのである。欧米の主なる政治家は、大抵この種の書物を熟読しているのである。我が国の偉い方々は、まだかかる著述を読まれたることが寡いのみか、その書名さえも知られない人があるのだから、驚くのである。恐らくかかる書物が一度繙いたら、貧弱なる禁酒反対論などは唱えることが出来なくなるであろう。故に私は禁酒主義に反対する人々に対して、まず少なくともこの三冊くらいを読んで来られてから、御対手になりましょうと申し上げたくなるのである。

チェスタートンの対雨感

文芸批評家として有名なるG・K・チェスタートン（G. K. Chesterton）は言った。「酒呑みは降る雨を見て、あれが酒なら好いがと思うくらいに憧憬《あこが》れるが、禁酒党はもし酒であったら大変だと思うて居らぬらしい」と。確かに禁酒党は比較的、酒に対して努力の到らない点のあるのは事実である。しかし日本の政治家や、実業家や、教育家や、もしくは、いやしくも社会改良家を以て自ら任ずる人々までが、酒の問題に対してほとんど無関心なるのは更に驚かざるを得ないのである。先年ワシントンに開かれたる軍備縮少会議などに付ては、熱心に研究もし、議論も闘わした。日本の海軍は英米に比して七割が当然であるとか、米国の提議した日本の六割説は無理であるとか、「陸奥《むつ》」を認めるとか認めぬとか、なかなか議論があったようだか、これらの議論を決して無用というのではない。いやしくも国家の対立上よりは重要なる問題たるには相違ないが、軍艦の五隻や十隻の多い少ないばかりで国力の強弱が岐《わか》れるものでもあるまい。「砲後の人《マン・ビハインド・ゼ・ガン》」とは日清戦争の際、英提督が日本の勝利を説明したる至言であって、今なお吾人の耳朶《じだ》に新たなる教訓たるを忘れてはならぬ。而して米国においては独立戦争および南北戦争を二大革命というなら、これはたしかに第三革命であるとまで云われて居る憲法［改正］を以て禁酒令の実施を断行し、爾来その国民の保健のうえに能率増進のうえに、その他の社会百般の関係上に顕著なる効果を現わしておる事実に付いては一向無頓着であるのは、これあたかも砲力の強弱にのみ熱中して、その砲力をして効果あらしめ権威あらしむる「砲後の人」の存在を無視して居るのではあるまいか。利に鋭いことに懸けては、日本人は欧米人より優るとも劣らぬ機敏さであって、自分の商業のため工業のためには、あらゆる研究や発明を採用することには随分熱心である。彼のウィンズロー・テーラー［Frederick Winslow Taylor］の『科学的工場管理法《サイアンテフイツクメネージメント》』［The Principles of Scientific Management］や、ギルブレス［Frank Bunker Gilbreth, Sr.］の『運動研究《モーシヨンスタデイー》』［Motion study: A method for increasing the efficiency of the workman］などに、あたかも飢えたる者の食を求むるが如く、直ちにこれを自己の工業に応用して、その生産能率を高めんとさわぐ癖に、それらのものよりも更に大切なる労働者の保健や、工業上の能率などに重要なる関係を有する米国の禁酒問題に対して冷淡であるのは、実に了解に苦しむ処である。他国の海軍において新しき武器が発明せられ、例えば十六インチ以上の砲が据え付けられたと云うことを探知でもすれば、あたかも強敵の襲来したかの如く思い、軍事当局は恐怖も啻ならぬ有様であろう。一昨年頃日本に来遊したユニオン〔神学〕大学のフォスディック博士〔Harry Emerson Fosdick〕は、近代科学の進歩と戦争の武器について、次の如く演説されたことがある。「第十九世紀は科学万能を発揮した時代で、世界は唯物的文明に溺れた結果、彼の欧洲の大戦となり、この上もなき悲惨事を演出した。毒ガスの使用の如きも科学の知識を悪用して罪悪を行うたる例証である。近来米国において発明せられた毒ガスは、ドイツ人の使用したのよりも遙かに猛烈であって、ちょっと人の身体のどの部分に触れても、直ちにこれを殺すことが出来、またそのガスに触れた土地は、七年の間、何等の作物をも生ぜざるようになるであろうと言う。ただそればかりでなく、今後の戦争においては必ず黴菌が用いられるであろう」と言われて居る。斯くの如く科学的知識の悪用は底止する所を知らぬであろう。しかしこれらの武器の威力は、両軍相接する時において初めてその効力を発揮するのであるから、今後の新しき戦争の形式、すなわち経済的の戦争においては、それよりもモット恐怖すべきものあるを忘れてはならない。しかのみならず平時に在っても国力の増進の上に重大なる関係を有する禁酒問題、しかもそれが軍国主義者のいわゆる仮装敵国なる米国において決行されたのである。該禁酒令が米国の両院を通過したる電報を受け取った時、英首相ロイド・ジョージが衝動を感じたと伝えられて居る。そうなるべきはずであると思うのに、我が国にその人なかりしを遺憾とするのである。チェスタートンは雨に托して禁酒家の冷淡を戒めたが、吾々はこの言を借りて日本の政治家や、実業家や、教育家などの禁酒問題に対する冷淡無頓着を戒めたいと思う。先年「実業之日本社」よりいわゆる諸名士に宛て、ワシントン会議の結果、軍備縮少に依り生じたる剰余金は、最も有利有益に何に使用すべきものなりやとの意見を徴したことがあった。私は直ちに筆を走らせて左の通り返信を発したのである。「御問い合わせの剰余金は何ほどくらいあるべきか見当も確かに付かざれども、小生はその額を以て、大蔵省が虎の子のように大切にしておる、酒より生ずる税源に代え、直ちに法律を以て禁酒を断行すべきものと思う。説明の必要あらばワシントン政府へ御問い合わせ相成度《あいなりたく》、然ればきっと親切に御回答致すことと存候《ぞんじそうろう》」。これは同雑誌のその年の一月号に、他の諸名士の分と共に掲載してあったが、自画自讃ながら自分の返事が最も要領を得たる具体的のものの一つではなかったかと思うて居る。

写真療法《ピクチユアー・キユア》

米国デ・モインの警視総監ジョン・B・ハンモンド（John B. Hammond）氏は酔っ払いを警察に引っ張って来ると直ぐその実状を写真に撮って置き、本人が酔いから覚めた時にその醜体を見せることにして精神的懲戒を試みつつあるという話を聞いて、米国にある禁酒法反対の連中は盛んにかかる「穏健にして賢明なる方法」とこれを賞讃し、今より四世紀前の彼のフランソワ一世［François I］が「酔っ払いは公衆の面前に於いて笞刑に処し、なお効果なき時はその耳を殺ぐべし」との厳命を下したに拘らず、仏国は今なお飲酒の害に最も多く苦しんで居るではないか。法の力でこれを禁ずるなどは最も愚案であると攻撃して居るが、そんななまやさしい方法で飲酒の悪習慣が直せるものならば人類社会も今日ほどにくるしまんでもよかったであろう。

昔スパルタでは奴隷にウント酒を飲ませてその醜態を子供等に見せて禁酒教育をしたというが、玲瓏《れいろう》曇りなき子供の胸中にそのみにくさを印象せしむるならば幾分の効果はあることと思うが、家よりも国よりも妻子よりも生命よりも何よりもすきな酒のことであれば、それしきの忠告とか訓戒くらいでは、酒飲みには糠《ぬか》に釘《くぎ》であるのは当然である。旧幕時代の日本の社会においても、金子借用証に「もしこの期日までに返済しなかったらば公衆の面前において御笑被下度《おわらいくだされたく》この段一札仍如件《だんいっさつよってくだんのごとし》」と書いたものだそうだが、今日かかる証文の効果があろうとは誰一人として信ずるものはあるまい。深川の太平町の警察署に長谷川君（禁酒同盟前理事）が署長をして居った時、犯罪と酒との密接の関係を認めて、その犯人に禁酒を誓わせ放免後も終始監視をして居ったそうだが、その成績すこぶる良好であったと聞いた。これはそうあるべきことである。写真療法《ピクチユー・キユアー》などは単に本人の道徳心に訴うるのみであるから、その効果の上に雲泥の差を生ずるのである。これに就いて想い出すことは、私が東京の鉄道局長をして居った時、ステーション・ホテルの支配人から時々こまり話を訴えて来られたものであった。西洋には世の中に一番むつかしい職業は劇場の支配人でその次がホテルの支配人その次が総理大臣だという諺もあるくらいだから無理もない話とも同情したのであったが、最初支配人の困ったことは風紀上の問題であって、当時ステーション・ホテルは割合に室代がやすく、出入には便利であるから、京阪地方の成金（マッシュルーム）連中が宿帳には何某同妻何誰《なにぼうどうつまだれ》として、あやしい婦人を連れて来る。その主人の顔は知って居るがその夫人の顔は知らぬが常であるから、その正否を詰問する訳にも行かず、あやしいと知りながらも泊めなければならず。さりとては多くのボーイ始めに対し、取締上にも困難なる次第であるとのことであった。そこで私は一案を授けてやった。「そういうあやしい御客さんには尚更のこと、その宿泊した翌日早速その住所にあてて端書で礼状を出すがよい。そうして必ずこう書き添えてやるがよい。すなわち「昨夜は令夫人御同伴にて御泊り被下《くだされ》毎度御ひいきの段難有《ありがたく》御礼申し上げる云々」。その後支配人に聞いて見ると、この方法が余程奇功を奏したとのことであった。私の友人達はこの話を聞いて貴様には柄にないことをやったものだと冷やかすもあり讃めるもあった。警察辺りでも相当の身分のある人で普通に拘留など出来ない場合にはその夫人に来て貰って引き渡すことが最も効能があったという話も聞いて居る。とにかく、その夫人なり警察なりの監視人のついて居るものか、もしくは法の制裁附きででもないと酔っ払いなどにはききめのあるものでないと思う。

ドクトル・ホーリチェルの麦酒有害論

巨船タイタニック号が大西洋上において氷山と衝突して沈没し、一千五十三人の乗客は海底の藻屑となり全世界を悚動《しょうどう》せしめた事実は今なお吾人の記憶に新たなる一大惨事である。しかしこれよりもなお悲惨なる出来事が、吾人の眼前に毎日繰り返えされて居ることを雲煙《うんえん》過眼《かがん》視《し》して居るのは不思議である。米国では八日間に一千五十三人ずつ酒害のために死亡してお る。これを時間に割ると、八分間に一人ずつが死亡することになる。日本ではまだ統計が不完全であって、殊に酒に関する死亡率について正確なる数字が挙がってないから分からない。分からないから平気で飲んで居るというまでのことであって、噴火口の側《そば》だと知らずに舞踏に打ち興じて居るのと別に変わりはないのである。日本に於いてはまだ禁酒と節酒の得失論などに時々花を咲かして居るくらいであるから心細い次第と云わねばならぬ。強い酒の有害なることくらいは分かって居るようであるが、弱い酒ならば人体に害を及ぼすものでない。社会に毒を流す心配はない。砂糖だって腹の中へ入ればアルコールに変化するではないか、などと混ぜっ返しをやった揚句、ビールならば害は少ないだろうという結論を下す連中がないでもないから、私は今参考のため、麦酒《ビール》の害に就いてドクトル・ホーリチェルの意見を左に紹介して見たい。「麦酒を国民飲料とすることによりて、酒害問題の解決を期せんとする考えは誤って居る。統計に拠れば麦酒飲用の奨励は、酒害の唯一の源因と一般に認められて居る。麦酒は強き酒の飲用を少しも減じない。仮りに減ずるとしても、強き酒の代わりに麦酒を飲用することは間違って居る。何故なれば麦酒は純然たるアルコール含有の飲料として強き酒と異なって居ないからである。飲用としてアルコールを最も多量に消費するのは英米諸国でなくして、仏国や、イタリアや、スペインや、ドイツの如き、葡萄酒や麦酒を多く飲む国である。麦酒としてのアルコールは、ウイスキーやブランデーの如き強い酒の中にあるアルコールに比較して、ほとんど無害であると考える人もあるが、これは大いなる誤謬である。如何なるアルコールでも、身体を害するのは同様である。麦酒に含んでおる比較的稀薄なるアルコールは、咽喉や胃腸の粘膜には害が少ないかも知れない。しかしアルコールの有害な程度は、その稀薄と濃厚には関係しない。寧ろその量に於いて害が現われるのである。而して最も多量にアルコールを飲用するものは、強き酒の飲用者よりも、麦酒を飲用するものに多いことによって明白である。その証拠には麦酒飲用者には、強き酒の飲用者よりも、アルコール中毒による慢性的病症が多いではないか。一般飲酒家に知られておる糖尿病や心臓病は、麦酒の過飲によりて挑発さるる場合が甚だ多い、のみならずその病気に罹る割合も多いとの統計は大いに注意すべき事実である。またた強き酒を飲用することが、直接に犯罪の原因となる如く考えるのも大なる間違である。麦酒を飲む国として名高いバイエルンで作った、千九百十年より千九百十四年間の犯罪統計に拠ると、その重罪犯の五割は、実に麦酒の過飲者であった。中欧の酒狂者庇護所に収容さるる大部分の患者は葡萄酒や麦酒の飲酒者である。スイスのフォーレル教授は、同国エリコン庇護所に収容さるる全員の九割を、麦酒およびその他の醱酵酒の飲用者として発表しておる。斯くの如し麦酒の害毒には戦慄すべきものがある。しかも一般の人は強き酒の害を認めて、麦酒の如きものを無害となし、甚しきはこれを有益なる飲物と考えて居るのである。ドイツに於いては、麦酒を社交と生活に欠くべからざる要素としておる。この国では小児でも婦人でも、盛んに麦酒を飲用するのである。大戦のとき国民はまさに飢餓に迫って居たのであるが、この時に於いてすらドイツ政府は、麦酒醸造に要する多額の大麦の消費を禁じ得なかった。これ程までにドイツ国民は麦酒に対する嗜好欲が熾烈であった。しかしながらら最近ドイツ人の麦酒に対する考えは変わって来たのである。いずれにしても世界に於いて麦酒を禁ずることは、難事中の難事である。麦酒醸造家は学理的の種々なる口実と、経済的の後援とに由りて、多くの場合に、政府と、議会と、新聞紙とを容易に自己の味方とするのである。これらの困難なる事情はあるけれど、酒害問題は麦酒問題を取除いては解決が出来ないのである。麦酒飲用の害は、強酒飲用の害と少しも異なる所がないのみならず、かえって恐るべき害がある。米国が麦酒も有害と認めて禁酒令の中に加えたのは当然であると謂わねばならぬ。云々」

この事実を根拠とせるドクトル・ホーリチェルの議論を読むならば、ビール無害論者も、旗を捲いて絶対禁酒論者の軍門に降るであろうと信ずる。

水酒盛の結婚式と後藤子爵

私の禁酒家であることは世間によく知られ、名高い看板となって居るが、世人の多くは私の禁酒を宗教の信仰と混同して、宗教家であるから禁酒して居るのだと思っているようだ。しかし私の禁酒を実行したのは宗教を信ずるズッと以前のことであった。そもそも私の酒を飲みはじめたのは、今から四十余年の昔、新潟中学校に在学当時のことで、禁酒したのもまた同時代であった。私は元来本とうの酒好きではなかったようだが、その頃この中学校に在った、二百何十名の生徒中で誰が最も多く酒量があるかという一種の競争が起こったものから、どうせ飲むなら一番になってやろうとつい青年の好奇的野心なども手伝って酒飲みになったのである。当時一番の豪酒は、どれほど飲んだか誰もその酔ったのを見たものがないから分からないが、二番は二升、三番が一升五合の組で、私もこの三番級に属するの名誉は贏《か》ち獲たのであるが、その暴飲のために眼を悪くし、心臓にも故障が起きたかのように感じたから、この時より翻然酒を禁めようという考えを起こしたのである。ほどなく私は、新潟の中学校を去って東京に遊学することになった。すると友人どもは私のために、送別会を某旗亭に開いてくれた。然るに私はこの宴会の席上から、断然と社交的に酒を禁めたのである。ところが、飲仲間の友人の多くは、なかなか承知しない。折角、君のために開いたこの送別会でその主賓たる君が、この別れの酒を飲まぬとは不都合ではないか。禁めるのなら明日からにしたまえ、君は気でも狂いはしないか。と議論を仕掛けてくる友人などもあったが、堅き決心は遂にこの包囲攻撃にも打ち勝ったのである。私の禁酒について、世間の評判になって居るのは、私の結婚式のときの話である。その結婚式は今より三十年も前、すなわち明治三十一年十二月十日、上野の精養軒で挙げたのであった。それでその日の御馳走は、恐らく私の当時の身分として不相当と思われるほど立派にしたつもりであるが、酒は一滴もこの席上に出さず、平野水《ひらのすい》とか、サイダーとかを食卓の飲料として置いた。おまけにその席上で、媒妁人の安藤太郎氏が、主賓の一人である後藤子爵（当時の台湾民政長官）を面前において、禁酒演説をはじめ、この酒抜きの結婚式を非常に喜んで、禁酒万歳を謳歌したのであった。これには後藤子爵も、少なからず驚かれたものと見える。頃日では敢えてそう珍らしくもないがその当時としては、「水酒盛の結婚式に列席したのは、始めてだ」とて、雑談半分に知人間に吹聴せられたり、また先年、欧洲へ行かれたときも、ロンドンの真中でこの話をせられたという始末で今はなかなか有名な逸話となっておる。

後藤子爵のユーモアとは知らないで真に受けて、私を内証でウイスキーを飲むことでもあるかのように不思議がる人があるというから面白い。それは先年子爵と一処に貴族院議員麻生〔太吉〕君の博多の別邸における晩餐に招かれた。子爵は酒をほとんど飲まれないくらいだからいつものように茶を注文された。するとよく芝居の場面にでも見るような立派な台附きの蓋のかかった茶椀に番茶を入れて恭しくもって来た。その側にあった私には羨ましくってたまらなかったから、私にもと注文をしたら随分時がかかって同じ器物に入れて持って来た。待ちかねて居った私は何気なしに口に入れた。するとピリッと口中が焼きつくように感じたのでさては悪戯と覚って吐き出した。番茶の色合に扮してウイスキーを燗したるこの悪計を回らすためには相当に時間のとれた理由も分かって、主客共に笑いの裡に一芝居はすんだが、この両側における二種の笑いはこの傍にもしラフカディオ・ハーン〔Patrick Lafcadio Hearn　小泉八雲」が居ったらその著"Japanese Smile"に材料を提供したであろうと思った。

最後の勝利

社会は善玉と悪玉との戦場である。一面に人間の心身を傷《そこな》うところの酒類を禁止させようとする運動あれば、その半面には猛烈な勢いをもって、これを飲ませよう、売り広めようとする魔力もある。後者の眼中には、社会がいかに腐敗しようが、惨禍を被ろうが、そのようなことには頓着しないで、自分の懐の温まることと、会社の利益になることばかりを考えているのである。しかも彼等はその酒類を販売するためには、手段と方法を撰ばず、財力を惜まず、智嚢《ちのう》を絞りて、如何にせば算盤《そろばん》が取れるかを専一に研究しているのである。禁酒論者が、某博士の禁酒に関する論説などを五号活字の小冊子となして、五銭や十銭で売り広めて満足しているうちに、帝国ビール会社の如きは、先年関門海峡の最も景色のよい門司の山上を択んで、「サクラビール」と云う六大文字を山腹に現わしたことがあった。昼間には白く見え、夜間には白と赤との交番電灯、白は安全を意味すれば、赤はたしかに危害の信号、安全のように見えても、危害に変わるイルミネーションは、遥か数海里のかなたからでも、瞭然《はっきり》と眺め得られる。この一字の大きさが六間四方（七十二畳敷《じょうじき》）これに要したる経費は三千円という驚くべき大仕掛けの広告である。この広告は西洋人や有力なる人達の抗議が起こって、遂に県令をもって取払われたのであったが、太平洋の彼方では、一九二〇年の禁酒令実施以前に於いても既に酒類の広告文を有するものは郵便に托することを得ずとの法律案を議会に提出して居ったという矢先に、内外に名高き山紫水明の風光を傷うてまでも一向に頓著せないとは、実に沙汰の限りである。酒を飲ませまいと思う人達の努力と、如何にしてか酒を飲ませて、金儲けをしようと思う人達の奮励とは、斯くの如く金力において智力において相違しているのである。故に禁酒主義者は、余程の奮戦苦闘をしなければ、その強敵に当たることが出来ないであろう。英国労働党マクドナルド［James Ramsay MacDonald］内閣の頃衆議院における女流の花形と呼ばれたるアストル夫人［Nancy Astor, Viscountess Astor］は時の議会に一種の禁酒法案を提出したが、その後一の論文を公にしたるその中に禁酒運動の途上における妨害は、智あり金あり力ある酒業者ならびにその関係者であって、近頃は種々なる名称の下に組織されたる、たとえば「真正なる禁酒会《ツルー・テンペランス》」（テンペランスの原義は節酒の意なりしを利用して）とか

「自由及社会改善協会《フェローシップ・オブ・フリードム・アンド・リフォーム》」などいう団体は、皆その擁護に依って成立して居ることは争われぬ事実である。而して大戦後は総ての事業は影響を受けて遅々として殊に禁酒運動の如きは更に進展を見ない間に、独り酒屋は戦前に比し年額八千万円も増収するという勢いに乗じてますます悪辣なる手段を弄し運動を続けて居るけれども、吾人は飽くまで正義は最後の勝利と確信して、宗教団体の協力、能率増進の経済的要求、医学的智識の進歩、社会公衆良心の発達等の背景を擁して勇往邁進するのであるという一節を見出したが、悪魔は何処でも活動の手を緩めぬものと見える。殊に我が国では社会の制裁力が甚だ貧弱であって、待合の主人も妓楼《ぎろう》の亭主も、相当の国税を納めさえすれば堂々たる代議機関の議員にもなれ、また社会の上流に伍して、勝手に自分の利益のため活動することのできるという世の中であるから、一層の覚悟と決心を以て戦わなければ、我が党の勝利の曙光を見ることは困難であると思う。

人類の大問題

禁酒は実に人類の大問題である。これはどうしても根本的に解決せねばならぬ世界的の懸案である。然るに斯かる大問題が寧ろ小問題視せられ、冷評され、軽視され、虐待されているのは、独り我が日本だけであると云ってもよいくらいであって、海一つ越えて、東へ行っても、北へ渡ってもこの問題は多大の注意と熱誠とをもって講究せられ、また実行せられつつあるものである。今は昔、当時我が北隣の強国ロシアに於いては、千九百十四年、露暦の八月二十三日に、皇帝の英断に依り、政府はために九億七千二百十万円の財源を失うこととなるにも拘らず、勅令をもって禁酒令を発布したのであるが、これ有史以来の驚くべき一大事実として世界の注目を惹いた事柄であった。その後英国皇帝は一九一五年三月末において、ロイド・ジョージ氏に宸翰《しんかん》を賜わり「もし卿が必要と稽えらるる場合においては、朕は飲酒を断ち、且つまた、皇族等にも禁酒を命ずべし」と仰せられ、遂にその年の四月六日の勅令を以て、各王宮において、酒類一切を用いることを禁ぜられたのであった。またスコットランドにおいては彼の有名なるウイスキーの製造ならびに販売を禁止せんとし、仏国においては首相ブリアン氏［Aristide Briand］が、大戦当時の議会における演説中、「この戦時、非常の場合に於いてのみ実行し得らるる国家の大問題、すなわち禁酒問題これなり」という一節があった。また今より十数年前ドイツ皇帝は、海軍士官学校の卒業式に臨み、軍人に禁酒の必要欠く可らざる所以を痛切に演説されたことも、吾人の記憶に新なるところである。更に翻って米国の禁酒法制定に関する歴史を繙いて見ると、彼国では今を距ること七十余年前において、世界に卒先してメイン州は州の法律を以て禁酒令を布いたのを始めとし、千八百八十年にはカンザス州、千八百八十九年にはノースダコタ州、それよりオクラホマ、ジョージア、ミシシッピー、ノースカロライナ、テネシー等の諸州は千九百〇九年までの間に相い続《つ》いで禁酒法を実施した。元来自由を重んずる米国のことであるから、その頃までは四拾八州まちまちの態度であったが、世界大戦開始以来、ことに米国参戦以来は頓に気勢を嵩め、遂に千九百十七年の六十五議会においてシェパード《Shepherd》、ガリンガー《Gallinger》、ウェッブ《Webb》、スミス《Smith》諸氏の提出に係る憲法第十八回［第十八条とも］修正案が大多数を以って上下両院を通過し各州の批准に附し、一九二〇年一月十六日より禁酒法を実行するに至ったのである。これより先き一九一四年十二月に時の六十三議会に提出せられたる彼のホブソン［Richmond Hobson］案が賛成百九十七に対し、反対百八十九にして三分二以上の多数を得られざりしため通過しなかったのであったが、その後僅かに三年間に大勢の推移随分驚くべきものあるというは、三年前には全然禁酒案に賛成したのはただ十五州の代表者だけなりしものが、一九一七年には二十四州となり下院にては賛成二百八十二反対百二十八、上院にては賛成六十五反対二十の多数を占むるに至り、その後一年間の批准もニュージャージー、コネチカット、ロードアイランドの三州を除くの外四十五州は実に燎原《りょうげん》の火よりも、更に凄じい勢を以て有史以来の大事業ともいうべきこの禁酒法を成立せしめたのである。

これでもまだか

私は日本のいわゆる代表的人物ともいうべき人により、往々にして極めて幼稚な質問に驚かされることがある。その一、二を挙げて見ると「自分の父も祖父も皆酒飲みだ。而して代々長命の系統と見え、祖父の如きは当年八十何歳、矍鑠《かくしゃく》として今もなお二、三合ずつの晩酌をやって居る。君の言うようには少しも害を受けないようだ。君にして実証を挙げて、果たして酒飲む人は飲まぬ人より短命であるということを説明してくれるならば信じもしよう禁酒もしよう」と戦いを挑まれる場合もある。その時私は「君にもし祖父さんが二人あって、すべての条件が同一で、唯だ酒を飲むことと飲まないことの差だけであるとすれば挙証は易々たるものであるが、これは事実不可能と云わねばならぬ。しかし、ここに米国インディアン酋長リトル・ターターの話をすれば思半ばに過ぎるものあらん」と答えたのであるが、そのインディアンは米国がまだ白人に発見されない前に住んで居った種族であって、北米全体では目下四十万人もあるであろうが、合衆国政府はその種族の保護のためには非常に力を尽して居るのである。今より百二十年前のことであったと思う、米国人間に米国インディアン種族後援会とでもいうべき一種の協会が出来たことがある。同協会の委員等は時の酋長の一人であったリトル・タータ―を招き「お前方の種族の利益幸福のために尽してやろうと思うから、何なりと望みがあるならば」と遠慮のない意見を問うた。委員等は多分弾薬とか鉄砲とかあるいは毛布のような品物でも要望するであろうと予想して居ると豈図らんやその予想は全然裏切られた。タータ―の答は「吾等インディアンは白人と交通してより多くの有益なる物を輸入され大なる利便を受け取った。これ以上何等の要求はない。唯だ一つこまることは、白人と交通してより吾等種族間には未だかつてなかった酒を輸入せらるることとなった。これがために吾等種族は段々衰滅に陥りつつあることである」と実に正々堂々たるものであったには驚かされた。委員等はことの意外にその理由を聞いて見ると「吾等の若い者狩猟に出て美しき獣皮などを獲て勇み立って家路に就く彼等を白人は途中に要して「一杯飲んで行かぬか」と誘惑する。彼等は幾度か懲りたことがあるから最初の間は断って居るが、そこを通り抜けるとまた他の四ッ角あたりで二度三度と強いてすすめられると、もともと下地はすきな酒、あるいは寒いからあるいは暑いからとの理由も出来て、ただ一杯だけ飲んで行うかと、すすめにまかせて引き込まれたが最後、初めの一、二杯は他動的ならんが遂には自動的にモットモットというように前後不覚に倒れてしまうまで飲むのである。目醒めて見ると自分の側には毛皮も鉄砲も衣服も何もない。驚いて白人に聞いて見ると、「止めるも聴かずに飲んで仕舞うた自業自得の結果でないか。早く出て行け」と冷酷に逐い出される。止むを得ず呆然帰路に就き多くの期待をもって家庭に残せる妻子に失望の涙を与えるのが常である。この有様にして継続すれば吾等種族の健康に大害を与え品性の破壊を来し、物質的にも精神的にも吾等種族は自滅の外はない。一七九五年に結ばれたグリンヴィル平和条約の結果としてこんなことになるならば、吾等は寧ろ白人と戦争状態においてある方がよい。如何となれば六年間白人との戦争によって失なった数よりは、平和条約以後、酒のために死んだものの方が多いからである。而してこれらは我等の自発的にあらずして白人の輸入にかかるものである。どうぞ吾等は鉄砲よりも剣よりも恐ろしく思うこの酒の輸入を禁じて貰いたく、というのであった。かかるリトル・ターターの禁酒演説は、委員によって書きとられて議会に送付せられ、上院にこの願意を許可せられたく意見を添えて申し送った。政府は直ちにこの演説を印刷に付して配付した。今なおワシントン府の議院図書館内に保存されてあるという。今日米国政府が有史以来の大英断を以て禁酒令を布くに至ったまでには幾多の理由のあることとなれど、側面的にはこのリトル・ターターの演説などもたしかに与って力あるものと思う。酒を飲まなかった社会と飲んでからの社会とを二ツ並べての体験を比較して見せたこの実話を、日本のいわゆる代表的人物たるエライ方々は何と聴かるるであろうか。これでもまだかと言いたくなる。

ちなみに米国帰りの土産話には必ずニューヨーク市にある摩天楼《スカイスクレーパー》の話が出る。するとまたニューヨーク市の立って居るマンハッタン島は全部岩質であるから出来るのだというのは話の順序であるが、その島の名はどういう意味かと知って居る人の少ないのは不思議である。これはデラウェア・インディアンの土語で“Manahatcha Nienk”という言葉から転訛して来たものだそうだが、原語の意味は「この島で皆が酔っぱらった処」という意味であって、今より三百余年前（千六百九年）に英国航海師ヘンリー・ハドソン［Henry Hudson］がこの島に上陸して土人と交際を結ぶ目的を以て漁業に従事して居った酋長の一人に酒を与えた。初めてこれを飲んだ酋長は側のものが死んだのであろうと思うまでに酔っ払ったが、醒めてから酔中の感を語って他の土人を誘うた。遂に皆が飲んで皆が酔っ払ったという。これが米国インディアンの飲酒の始めだと伝えられて居るのである。

個人の自由と禁酒

一昨年（一九二六）四月。北米合衆国上院の立法委員会が、禁酒問題に就いて公開審問を行った時に、労働等の先輩等は禁酒法には反対を表明したが、その単なる理由は、「該法は個人の自由に関渉する」の故を以てであったという。我が国においても「個人の自由」を唯一の盾として、二十五歳禁酒法などに反対して居る有力者も少なくないようである。このことに就いては上院議員ボーラー氏の演説中より左の数言を摘記すれば足ると思う。

(1)自動車内にある紳士は憲法第十八回［条］改正（禁酒令）に反対するは勝手であるが酔っ払ってる運転手は直ちに免職するであろう。(2)禁酒法反対議員の一群を載せた列車を運転する機関手が飲酒するならばその議員等もこれを襲撃するに躊躇しないであろう。(3)富豪は奢侈禁止令には種々批評をするであろうが、自分の財産の支配人には、この命令適用を猶予しないであろう。(4)その他安全の要求さるる場合には皆禁酒法賛成者になり(5)また今日の文化生活において貴重なる生命財産の擁護には、ハッキリした脳力《のうりょく》と敏捷なる速断力を必要とする、その為めには皆禁酒賛成者になるのである。

イェール大学のフィッシャー教授は更にこれを強調して「盗賊は隣人の働いて得た財産を、素手で略奪する自由を占めんとすれば、社会の自由はその行為を禁止する法律の発布を必要とし、また人を殺すものは、その人の勝手であったとしても、殺された人の自由は全然犠牲にされるのであるから、刑法の制裁はこれを禁止しなければならない。南部の白人は黒人を奴隷使するの自由を要求しても、人道、正義の観念はこれを許さずして、遂にこれを解放したではないか。無学者のなくなるようにするには、子供の義務教育制度を採用し、天然痘に罹らないようにするには、種痘《しゅとう》を強要し、チフス結核性その他の伝染的疾患予防のためには、種々なる制裁を必要とするのである」云々。

斯くの如く、酒を飲むは飲む人の自由の如くであるが、我等が集団して形成して居るこの社会において、いやしくも自分の行為が他の利益を害するか、平和を破るか秩序を乱すか、何なりとも幾多の交渉関係を有する以上は、その制限を受くるは当然の帰結でなければならぬのみならず、自分の自由を主張して居る飲酒者が、かえって自分は酒に捉われたる一種の奴隷生活を送りつつあることに気が附かないのである。これを証明せんがために特に実例を提供する必要もあるまいが、有為有能の一青年が酒のために、その天然の能力を発揮することが出来ず、また運動場においても酒のために、競技に優勝を占むることが出来なくなるハンディキャップを附けられるなど、余りに明白なる奴隷生活ではあるまいか。

「緩和同盟《モデレーション・リーグ》」の錯誤に対するフィッシャー教授

禁酒法実施以来過去七年間において、現われたる反対者中最も有力なる強敵は、「緩和同盟《モデレーション・リーグ》」であると思う。該同盟は、これまでの酒造業者酒屋等の組織したものとは、全然その選を異にするものではある。しかし知らず識らずの間に、彼等の暗中飛躍の影響を受くるに至りたることも、また数の免れざる処であると云わねばならぬのであるが、その幹部の人達などは、いずれも立派な紳士であることは事実である。たとえばその会長にはオースティン・G・フォックス（Austen G. Fox）。実行委員にはセントルイス・サンフランシスコ鉄道会社長なるN・N・ブラウン（E. N. Brown）や、ファウンデーション会社の理事長たるフランクリン・レミントン［Franklyn Remington］等の人々、また会員中にも、弁護士として相当に名のあるジョン・G・エーガー（John G. Ager）、ニューヨーク州弁護士会長ウィリアム・N・ダイクマン（William N. Dykman）。聖公会監督［主教］チャールズ・フィスク（Bishop Charles Fiske）、メトロポリタン生命保険会社長ハーレー・フィスク（Haley Fiske）ウィルソン大統領当時の商務卿たりしウィリアム・C・レッドフィールド（William C. Redfield）、ニューヨーク医科大学長ジョージ・デヴィッド・スチュワート博士（Dr. George David Stewart）、ルーズヴェルト大統領当時の国務卿たりしエリュー・ルート（Elihu Root）等、その他にも相当の人物もあるようである。（著者はちょっと此処に註を挿みたい気がする。どうも「名高《なだか》の骨高《ほねだか》」と云う諺のある通り、かかる立派な連中の内にはアルコール中毒患者があり勝ちで、酒の問題に関しては捉われたる、また我田引水的の謬見に陥り兼ねないから困るのである。米国においては除外例を求めらるるかは知らぬが、日本などでは全く眉唾ものであることを御記憶願いたい）

該同盟の報告文中にはイェール大学名誉校長ハドレー氏［Arthur Twining Hadley］の云うた

「国民が秩序を重んじ立憲的であって、政府のやり方に欠陥があった時には、与論の後援なき法の力を以てこれを強制せんとするよりは、与論を喚起し、国民をして自発的に矯正せしむることが、かえって有効なる場合が多い云々」

とか、またクーリッジ大統領［John Calvin Coolidge］の「そもそも共和政治に於いては律法は与論の反影にして、よく民心に了解せしむることなしに、徒らに法の力を以て国民を威圧せんとすることは、かえってその反抗を招くのみなり云々」というが如き都合よき意見を引用したり。また一九二六年四月ワシントン府に開かれたる上院立法委員会へは「一九二五年における禁酒法実施後の状況調査」を提出したことなどは、最も多く国民一般の注意を喚起したのであって、反禁酒党は鬼の首でも取ったように、これを金科玉条として、しきりに持て囃したのも無理からぬ次第である。

ことに該同盟調査部長スタンレー・シャーク氏（Stanley Shirk）の調査にかかる、国内三百五十都市の酩酊者検挙数図表（禁酒令実施後酩酊者検挙数はかえって増加せりということを証明せる）の如きは、詳細なる統計数字を基礎として居るという宣伝だけに、国民に誤解を与えたこと決して少なくないように思う。これに就いてはイェール大学フィッシャー教授はその基礎に間違ありしことより種々不備の点を指摘して完膚なきまでにこれを論破し訂正して居る。左にその要領を記述して読者の参考に供したいと思う。

第一、シャーク氏の図表には、毎十年に約一割五分ずつの割合を以て、合衆国の人口増加の事実を計算の中に入れて居らぬ故に統計の価値なし。

第二、酒に関する違犯者は、常に再犯、三犯と繰り返すもの故、初犯者を主としたるものにあらざれば、調査の目的に対し、統計の価値を減ず。

第三、ロバート・F・コラディニ氏（Robert E. Corradini）の調査によれば、禁酒令施行前と後において、警察官が酩酊者を検挙する寛厳の程度に大なる差ありし事実（実施前は四割なりしが以後は九割まで検挙するというように厳しくなった）をシャーク氏はこれを無視せり。故に参考資料として大なる欠陥あるを免れず。

今ここに第三のコラディニ氏の研究を加味せずして第一、第二、のみを考慮に入れて合衆国中において最も飲酒の弊風盛んなりとの定評あるニューヨーク市の酩酊者初犯検挙数を図示すれば

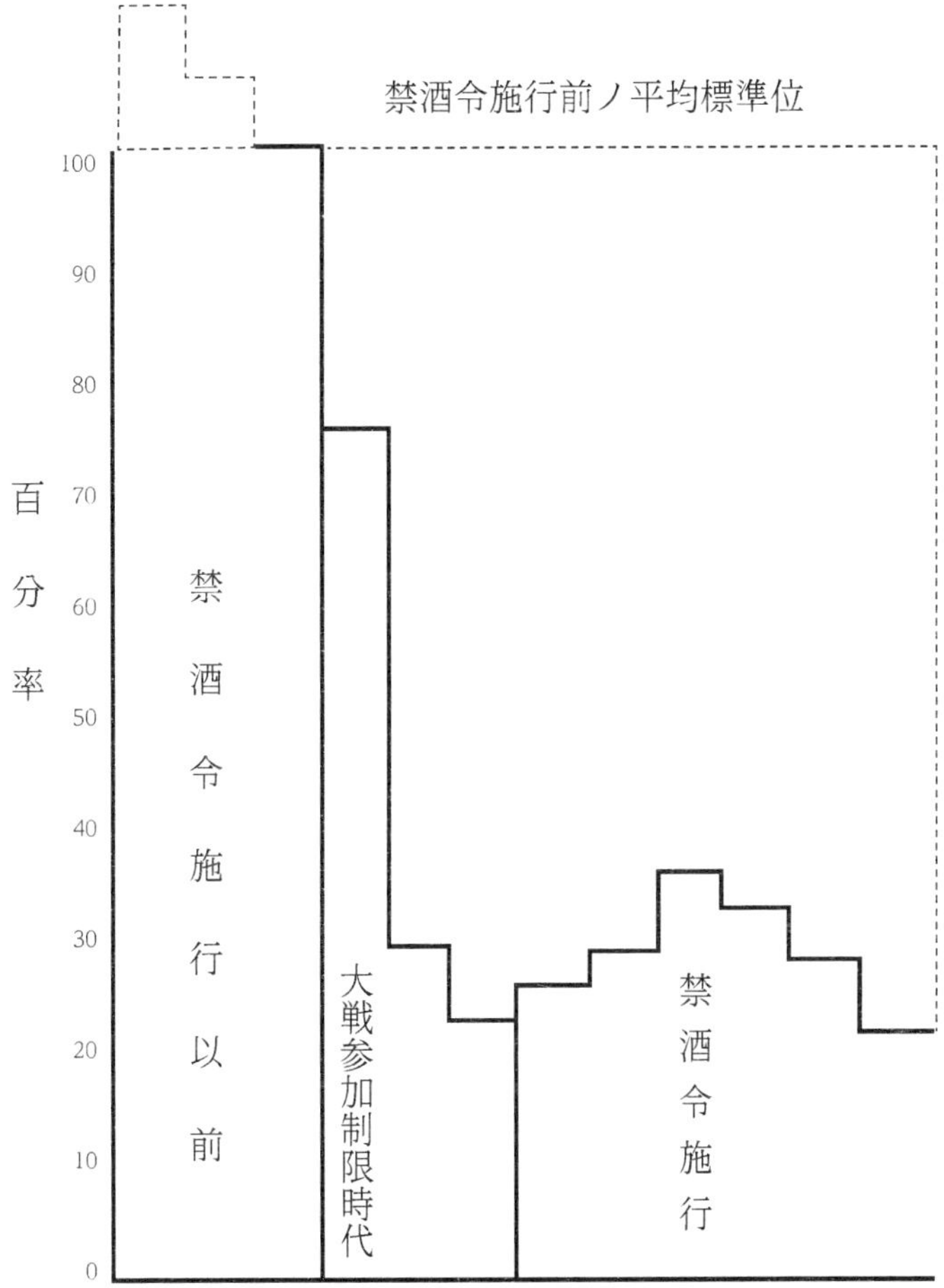

年度	1914	1915	1916	1917	1918	1919	1920	1921	1922	1923	1924	1925
検挙数（人）	12585	11351	10126	7789	2076	3460	3854	4118	5276	5152	4657	3517
人口一万人ニ付割合（人）	24·5	21·7	19·1	14·4	7·4	6·2	6·8	7·1	8·9	8·6	7·3	5·6
施行前ノ標準位ニ対スル百分率	128	113	100	75	39	32	36	37	47	45	40	29

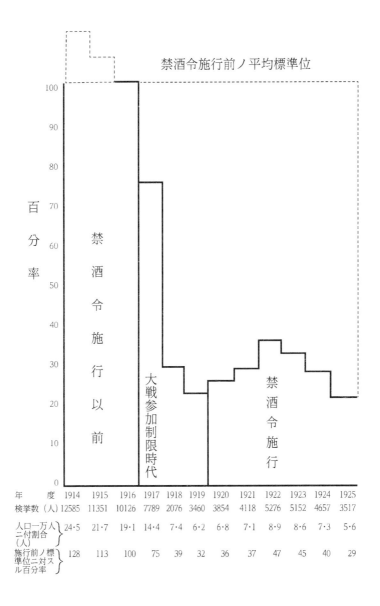

前図によって明瞭なるが如く、禁酒令施行前の一九一六年において、初犯者は一万人に付十九人なりしが、戦時制限時代一九一七年より一九一九年には十四人より六人に、更に禁酒令施行後の一九二〇年より一九二五年までの六年間には、多くも九人少なきは六人に減少して居るのである。而して初犯者を区別せざる総数においても一九一六年には一万六千三百五十五人なりしものが、一九二五年には六千八百十六人に減少した。なおこれを再犯者三犯者に内訳しても一九二五年におけるものは一九一六年におけるものの半数に過ぎないと云うことである。

ちなみに初犯、再犯、三犯の、考察は統計学の大家カール・G・カルステン氏（Karl G. Karsten）がニューヨーク市警視庁指紋局の調査を基礎としたるものなりと云う。

ゴルディアン・ノット

論語為政第二の篇に「子曰く之を道《みちび》くに政を以てし之を齊《ひとし》うするに刑を以てすれば民免れて而して恥無し、之を道くに徳を以てし之を齊うするに礼を以てすれば耻有って且つ格《いた》る」という孔聖の名高い言葉がある。吾人はこの貴い教訓を常に服膺して居らねばならないのである。これを米国の禁酒法実施後の現状に徴すれば、ますますその真理なるを悟らしめらるるのである。

米国禁酒運動の歴史を繙いてその濫觴《らんしょう》を尋ね、その動機を研究して見るならば、他の章において紹介したるジークフリート［André Siegfried］氏のような面白き観察の仕方もあるが、何というても米国民を支配して居る清教徒的信仰の精神がある以上は、飲酒によって醸成さるる幾多の弊風惨害と相容れないはずであらねばならぬ。婦人基督教禁酒連盟の活動がその中心的勢力となったのも全くこの理由に外ならぬのである。故に約一世紀間に渉りての過程は主として基督教禁酒団体《クリスチャン・テンペランス・ボディース》の活動というてもよいくらいであるが、一九一三年に彼の酒舗反対連盟《アンティ・サルーン・リーグ》が出来てから初めてこれを立法行為に訴えんとすることとなったのである。その後米国の参戦となり、気運は頓に促進せられて、遂に一九一九年の憲法第十八回［条］修正の通過を見るに至った。ここに於いてか、これまで奮戦苦闘を続けて来た禁酒界の勇士等も多年の宿望を達し凱歌を奏して一安堵をなした為めに疲労が一時に出たとでもいうべきものか、あまりに多く法律の力にのみ信頼し過ぎて内面的に燃ゆるが如き熱烈なる生命の力を失うたのではあるまいか。たしかに、孔聖をして「それ見たことか。それだから言わんことじゃない」と歎声を発せしむるであろう。然らば国民をして「耻有って且つ格る」ようにするには、飽くまでも宗教道徳の力を以て自省自覚せしめらるるものであろうかというに、北米合衆国の如きは他の諸国に比し宗教の盛んなる処にして、全人口一億二千万人中新旧キリスト教徒の数は約四千八百万人、その教会ならびに事業に要する経費年額十二億万円というが如き盛況であるにも拘らず、これを法律の力に訴うるの止むを得ざるに至ったことに想到すれば思半ばに過ぐるものがあるであろう。

ことに仏教の如き教祖釈尊は五戒の中にも飲酒を厳禁してあるにも拘らず、その信徒はいうもさらなり、その僧侶までも破戒を敢えてして「葷酒禁入山門《くんしゅさんもんにいるをきんず》」という石牌をして空しく山門の番をさせて置く現状である。高島米峰氏から「釈尊酒を戒めて僧侶酒に溺る」と一喝を食わせらるるという仕末ではないか。要するに酒害に関する制裁には左の四種に大別することが出来ると思う。すなわち

一、身体的制裁（Bodily Sanction）

二、社会的制裁（Social Sanction）

三、宗教的制裁（Religious Sanction）

四、律法的制裁（Political Sanction）

右の如くその一よりその三に至るまでは個人的に社会的に体験したものであるが、たとえば酒の為めにその身体の健康を害し甚しきに至っては卒倒遂に起つ能わざるものも珍らしからず、また酒のために思い設けざる失敗をなし、信用を墜し、遂に社会の位置を失うに至り、悔ゆるも及ばざる制裁を受けたるものまた決して少なからず。而して宗教的制裁に至りては、これこそ真に心の奥より覚醒する力を与うるものなるべきも、世間滔々として酒魔の捕虜となりつつ

ある多くの意志弱きものの為めには日暮れて途遠き憾なきにあらずして、信念に生きて誘悪に打ち勝ち得るものは、僅かにその何分の一にも過きずして、遂に堕落せる現社会の実相を呈するに至ったのである。換言すれば、一より三に至るまでの制裁力だけに頼りては全人類をこの酒の害より救い出す上において十分なるべき理由と信頼とを見出すことは出来なかったのである。然らば米国における新しき経験に倣い試みなければならぬ。第四の制裁は如何ということになるが、この場合において古代小アジアのフリギアの王ゴルディアス［Gordios］に関する昔話を挿入することを最も適当と信ずるのである。ゴルディアスがかつて不思議なる力を以て「縄の結び目」を造ったが、これには神託が付いて居った。それは「もしこの結び目を解き得るものは全アジア（その当時は全世界というも同じ）の支配者となるであろう」と。そこで智者も学者も、科学者も哲学者も交わる交わる来てこれを解かんと試みたが、遂に一人として成功するものはなかったが、一人の青年現れその腰間帯ぶる処の剣を抜いてその結び目を両断し、然る後、おもむろにこれを解き得たという。この青年はその神託の約束によって支配者となったが、すなわち彼のアレクサンダー大王［Alexander the Great］であったと云われて居る。人類の歴史においてこれだけ長く深く強く食い込んで居る癌腫とも云うべき酒の害は、ゴルディアス王の結んだ「結び目《ノット》」よりもモット頑固なものであって、なかなか尋常一様の智者や学者の解決し得る問題ではないのであるから、どうしても米国の如くその体験より得たる賢明なる措置に学び、まず以て法の剣を抜いてこれを両断し、然る後においてこれを国民の保健、能率の増進、国家の経済その他社会万般の関係より説得し教育して行かねば、而して何にも増して信念の基礎の上に立ちたる自覚と決心を与うるにあらざれば、これを解決しこれを完成することは出来ないのである。すなわち酒害の如きゴルディアン・ノットは孔子のいわゆる、「之を道《みちび》くに政を以てし之を斉《ひとし》うするに、刑を以てする」外科的治療を施し、而して後ち徳を以てし礼を以てする内科的服薬を与うることにより始めてこれを全癒せしむることが出来るのであると思う。序に吾人の学ぶべき教訓のあることを忘れてならないのは、この頑強なるゴルディアン・ノットを美事に解き得たアレクサンダー大王も、今より二千二百余年前に三十三歳の壮年期において酒害の犠牲者であったことである。彼はその杖とも柱とも頼みにして居たへフェースチオン（Hephaestion）の葬儀に伴う宴会（当時アレクサンダーの弊風）に二昼夜ブッ通しの暴飲の結果、再び起つ能わざるようになり、「最も強きものに彼の王国を継がしむ」との一言を遺し彼の手に嵌《は》めて居った指環《シグネットリング》をペルディッカス［Perdiccas］に与え、在位僅かに十三年にして永き眠りに就いたのである。

三種の花の乱れ咲き

天地は万物の逆旅《ぎゃくりょ》である。昔から人生は行旅《こうりょ》に譬えてある。人類がこの世に生活しているのは、丁度、旅路にあるような状態であるとは、支那や日本の詩人も歌うている。西洋の詩人も同じ思想の立場にあって作った興味の深い一つの詩がある。

一

見渡すかぎり
はてしも見えぬ荒野原
彼方《かなた》へ此方《こなた》へ
うごめく人々

二

旅の歩みの忙しさ
そのさま見れば

ひとりびとりに
重荷を背負うて

三

よくよく見れば
我身のみ楽せんものと
おのが荷を人の背に
重荷にこづける人もあり

四

我身は我身人は人
汗水流して
脇目もふらず
その荷に堪ゆる人もあり

五

我身一人の荷は背うて
その上友を助けんと
そつと後ろの此方より
その荷を支うる人もあり

六

この世はさながら
人草《ひとくさ》しげき
荒野原
三種の花の乱れ咲き」

これはたしかに徹底したる人生観である。日本少年団の総裁として、後藤子爵は到るまでに講演せられて「人のお世話にならぬよう」「人のお世話をするよう」「そして酬を求めぬよう」との少年団の憲法三章を挙げて親切丁寧に話をして居られるが、これもやはり同じ人生観を体得して居らるるものであって、たしかに処世の指針であると思う。自分の重荷を他人の背に載せかけて自分一人さえ気楽に面白く生活が出来れば、他人は飯が食えまいが如何に難儀をしようが構わないと云うような我利我利主義は、心得違いの富豪などに多く見受けらるるのである。米国における昨年度の所得税を納めた大頭株を見ると、ロックフェラー〔John Davison Rockefeller〕の千五百万円を筆頭に、自動車製造で有名なるヘンリー・フォード〔Henry Ford〕の六百五十万円などが掲げられて居るのを見て、上には上の富豪もあるものと感じたが、近来は日本にも相当に偉い財産家ができたからして、実に贅沢極まる生活をしているので、身体が楽過ぎて運動がないから健康に宜しくないとて、運動と娯楽の目的をかね狩猟にと出懸け、鳥や獣などがその親子兄弟して楽しく遊び暮らしているところを鉄砲で打ち殺して居るのだが、その狩猟のために、必要なる猟犬を多数に飼って置いて、この犬は兎狩りによいとか、雉子打ちに適するとか、また奥さんの方も犬がお好きで、この犬は毛色が気に入ったとか、尻尾が愛らしいとか、種々様々な趣味から、取り交ぜて西洋種の犬を幾疋も飼っているというような贅沢をするのである。吾々の家にいる犬は、残飯や魚の骨や、掃き溜めに打ち遣ってあるようなものを食わすのであるが、富豪の家に飼われている西洋種の犬ときたら、毎日結構な肉食をして生活するのである。おまけに料理人まで附いていて、特別に犬のために料理をするのである。その一疋の犬に与える肉代は、一日三円何十銭かかると云うから、犬一疋に対して、一ヶ月百円からの飼養費が要る勘定になるのである、実に馬鹿げた話である。東京市にある貧乏人は、その一ケ月の生活費が、富豪の犬一疋一日の肉代くらいに過ぎないのである。このような憐むべき貧民が、その同胞の中にあるにも拘わらずそれを気の毒とも思わずして、他人はどうでも宜いと言わぬばかりに、贅沢の有らん限りを尽している富豪がありとすれば以ての外の次第である。一八四六年より翌年にかけてアイルランドに大饑饉があった時、エドワード夫人［エドムンドの間違いか Amanda M. Edmond］が、「母よ三粒の穀を我に与えよ《ギヴ・ミー・スリー・グレーンズ・オブ・コーン・マザー》」という有名な詩を書いて、一葦帯水《いたいすい》を隔ったイングランドにおける富める人達は、皆飽くまで食い、暖かに衣《き》て居るのに、此方にては人畜踵《きびす》を接して斃《たお》れ、餓莩路《がひょうみち》に満ち、母が食物なきために乳が出なくなり、疲れ衰えたる胸にすがりて「乳を与えよ」「パンを与えよ」彼方の富豪等が今夜その飼犬に投げ与うるパンがあるなら自分と母の生命は繋げるものをと叫ぶ、その声までも力なくなく母に訴うる実情を写したものである。これを読むものはいかに残酷なる鉄より冷き心にも一掬《いっきく》の涙は浮かばなければならぬはずと思う。酒に就いてもこれと同様なことがある。すなわち自分の利益になることならば他人がなんぼ迷惑しても構わぬという考えで、酒を仲介者として他人の弱点に乗じ、その人を牢獄の内に呻吟《しんぎん》せしめても平気でいるような者もある。これらはみな第一種類に属する人である。第二の種類に属する人は、偏狭な学者とか、悟りを開いたと称する野狐禅《やこぜん》者流などに多く見受けるのである。自己は自己の本分を尽していればそれで宜しい。自分の所有する金で自分の欲することをするのに、何の差し支えがあるか。他人のことはどうなろうとままよ、自分の荷物だけ背負って他人に迷惑かけなければそれで宜しいと云う人々である。すなわち自己本位にして自分一人前だけの重荷を背負って歩いて居る人である。禁酒家などにも往々この種類に属する人がある。すなわち自分一人は感ずるところあり、克己して禁酒を励行しているのであるが人は人だ、何も余計な世話をする必要はない、飲みたければ飲むが宜い、もし飲んで不幸の結果を生じたならば自業自得である。斯かる場合はその重荷を、その人が当然背負うべき義務のあるものだと極め込んで居るのである。第三の種類に属する人は、これぞ立派な品性を有する人格の人というべき者である。この人は自分のことを打ち忘れて、他人の苦痛をどうかして軽減して遣りたいという親切から、その人にも知らせずに、ソッと後からこれを助けているが、さりとて厭々《いやいや》ながらするのでなく、自ら進んで努力しているので、貴き献身、犠牲の生活もこの精神に外ならないのである。この種の人生観を禁酒の問題に当て嵌めて見ると、大いに学ぶ点があると思う。吾々の禁酒に対する主義として、自己は体質上、相当の酒量に耐え、また少しばかりの酒を飲んだからとて、何等健康上に著しき害を蒙らぬにしても、この世の中では、酒のために多くの青年を始め、多くの人、多くの家庭が苦しみ、悲しみ、延いて社会にまで容易ならぬ害毒を流して居る問題であるとすれば、吾々は、多数の意志弱き同胞を躓《つまづ》かさぬように、単に自分一人の都合ばかりを考えず、人のため世のためにも犠牲の精神を高調すべきではあるまいか。

泥酔の解

陸放翁《りくほうおう》の「泥酔して醒むること常に少《まれ》なり」という句や、李白の「傍人借問《ぼうじんしゃもん》す何事を笑う笑殺《しょうさつ》す山翁《さんおう》酔うて泥に似たるを」という詩を読んだことがあるが、さすがに支那は文字の国、ちょっと人の想像の及ばぬ形容をするものだ。彼の杜甫の飲中八仙歌にある賀知章《がちしょう》の酔態を「知章が馬に騎《の》るは船に乗るに似たり、眼花井《がんかい》に落ちて水底に眠る」と歌うたるが如く、大抵の酔っ払いなどは冷水を打ち掛ければ酔の醒むるが当たり前であるのに、事実井戸の中へ落ち込んで水中に眠って居ったものがあるから来たのだなどと、まことしやかに説明をしてくれる学者もあるが、さりとては折角作者の妙意の存する処のいわゆる酔眼朦朧として、あたかも眼花が井戸の中に光っているような状態では水底に落ち込んでも知らずに眠っているであろうという、到底他の文字を以て置き換えることの出来ない形容などを連想して、「酔うて泥に似たり」とは実に面白き言葉だと簡単に片付けて置いた。また飲み手の方でも「昨夜はどうも泥酔したものですからツイ失礼をしました」などと、平気でこの泥酔の字を使うて御座るが、その後図らずも『異物志』という書物の中に「南海に虫あり骨無し、名づけて『泥《でい》』と云う、水に在ればすなわち活き、水を失すれば則ち酔うて一堆泥《たいでい》の如し」という説明あるを見出し独り微笑を禁ずること能わざるものがあった。今日の酒を飲むものは大概この南海の奇虫の類ではあるまいか。酒を飲まなければ元気も出でず、人並にものも言えず、遊ぶことも楽むことも出来ず、何でも彼でも理由のつけられるだけを付けて酒中の天地に酔生夢死《すいせいむし》の生涯をたどって居るではないか。元来が骨のない虫であれば吾々人間社会に活動の出来るはずはないので、唯だ酒のお蔭で蠢動《しゅんどう》して居るだけだ。自分では松沢病院の誇大妄想狂「葦原将軍」こと葦原金次郎のように酒の力で太平楽《たいへいらく》を口ずさんで居るであろうが、もともと一堆泥そのものに過ぎないからであるという暗示も含まれて居るように感じられる。

支那に劉伯倫《りゅうはくりん》という酒狂があった。常に酒瓶と鋤とを車に載せて持ってまわりつつ、「自分がもし死んだらば馬頭山に埋めてくれ、其処の泥土となって再び徳利に焼かれ今一度好きな酒を盛る器になりたいから」というて居ったそうだ。この泥土は虫類の「泥」とは違うが、前者は骨無しの虫で満足し、後者は徳利の土となりたい希望、どちらにしてもあまりに滑稽といえばそれまでなれど、一人一人がそれぞれ相当の使命を帯びて、生をこの天地に享けて来た意義に対して誠に相済まぬ気がしませんでしょうか。

名古屋城頭金鯱の教訓

金鯱《きんのしやちほこ》の由来に就いては種々の説もあるようであるが『大和本草』や『和漢三才図会』などによれば

「鯱《しやちほこ》は水の精にして能く火災を避ける故にこれを天主閣上に置きたるものなるべく、天井といい鴨居というが如き皆水に縁ある名称を附することも同一の理由ならんと思わる」

僅かにこれだけの知識を持って居った為めに意外な奇功を奏したことがあった。それは私が市参与となった翌年のことのように記憶するが、名古屋市会議員団が宮城拝観を兼ねて東京市経営の電気事業視察に上京せられたことがあった。私はその際該団体の六十余名を午餐に招待した席上において、諸氏は私に向こうて宮城拝観の光栄に浴した喜びを述べつつ、「二重橋」という名称の起源を問われたから「二重に架って居る橋であるからであろう」と簡単に答えたところが「吾々も同様に思い居たるに、図らずも拝観の際宮内官吏の説明によりて、二重橋とは奥の橋一つの特称であることを知った」と語られたので、輦轂《れんこく》の下に住みながら、名にし負う二重橋に関してかえって地方人士に蒙《もう》を啓《ひら》かれたるを深く心に恥じたのであった。斯くて私は頃合を見測らい、起立して来賓に挨拶を述べたが、その要旨は

「過刻二重橋に関してかえって遠来の諸君から教を辱うし、いわゆる灯台下暗く大いに啓発するところがあった。私はその返礼に諸君の居らるる処の名古屋城天主閣の金鯱に就いて、いささか復仇的の意義も加えて大胆にも御話をして上げようと思う。古来人口に膾炙《かいしゃ》せる伊勢音頭という俗謡に『伊勢は津でもつ津は伊勢で持つ、尾張名古屋は城で持つ』とありますが伊勢と津とは相持ちでその繁昌を維持することが出来る意味を写し出して居るにも拘らず、下の句は一転して単に名古屋は城のお蔭で持てる意味のみを言明して、城は名古屋に負う処なく、あたかも絶対の権威者であるかの如くにあるのは何故であるか、恐らくは賢明なる諸君といえども御承知あるまいと思う。此処が私のつけ込み処であるのであります。名古屋城と申しますが、もし天主閣に金鯱がありませんでしたらば、民衆的価値の大部分を失うものであろうとは諸君にも異議のないはずと致しますれば、取りも直さず金鯱は名古屋城の代表でなければなりませんが、さて、この鯱とは何物の象徴であるかに想到すれば、如何にこの城が名古屋を維持

する絶対威力であるということが分かり、俗謡の下の句の意義も始めて明瞭するのである。すなわち鯱は水の精であって、如何なる堅固な城廓でも木造である以上は火には勝てない。そこで水の象徴たる鯱の防護の下に置かれてあるのであるが、更にこれより偉大なる意義あることを名古屋市民は忘れてはならぬことと思う。それは天主閣上の鯱がその南北に雌雄の二個あるごとくに名古屋市の南と北には木曽川に天龍川のあることである。この二大河の水利を水力電気に応用することによりて、産業立国を国是とする我が国の中京たる名古屋の工業は無限に発展すべき運命においてあることを、慶長十五年の昔、加藤清正［徳川家康。熊本城と混同したか。ただし、名古屋城の石垣は清正によるものとされる］が築城の当時より、天主閣上における金鯱は市民に物語りつつ祝福しつつあるものではあるまいか。往年北米の大政治家ブライアン氏が来朝中、東郷元帥と会見の宴席において、氏は起って元帥に向い、閣下の大成功は実に水の上に遂げられたのであるから、ここにその健康を祝するにもまた水を以てするの適当なるを信ずると述べつつ酒ならぬ水の盃を挙げられたと云う故智に学び、私はここに南北の二大鯱の力によりて発展する名古屋市の繁栄と、その市を代表せらるる来賓諸君の健康を祝するために、ここに水の盃を挙げんとするものは、必しも私が禁酒主義者たるの故のみにあらざることを了とせらるるを信ず」

と結んで水の盃を挙げて大喝采を博したのであった。要するに主義は犠牲であるから、いつでも対手方の感情を害はないようにとのみ心懸くることは不可能であるが、さりとて常に戦争と心得て攻撃と防衛ばかりにては、かえって害多くして利少なきことを記憶せねばならぬ。私はかつてブライアン氏の機智に深く感じて居った一人であるが、僥倖《ぎょうこう》にもその教訓をそのままに応用することの出来たことを喜んだのである。

禁酒法制定の動機ならびに奏功の原因

米国の禁酒は欧洲大戦の機会に乗じ、偶然にまた突発的に成功したものの如く思うて居る人が多いが、その、ここに至るまでには一世紀以上の長い歴史を閲して居るのであって、またその動機ならびに奏功の原因に就いても、種々なる説明をなすものがある。アンドレ・ジークフリート氏の説によれば、米国の気候は元来乾燥して居って興奮的であるから、酒精を用いて気分を引き立てる必要は無い。英国のように湿気の多い鬱陶しい気候では、元気を鼓舞するに酒類を飲用するも理由はあるが、米国ではその言い訳は少しも適用しないのである、必要はないのである。然るに英人はランカシャーあるいはクライド河沿岸の如き霧雨の降る地方における習慣をこの国へ輸入したので、米人は直ちにこれを極端に襲蹈《とうしゅう》した結果、多数の人々は遂に嗜欲を抑制し得ず、酒場《サルーン》はたちまち罪悪の醞醸地たるが如き観を呈し、健全なる国民は飲酒を以て米国の社会における致命的の癌腫とまで極言するに至ったのも無理もないと思う。今より二百五十年前、ニューイングランドに於いて一牧師の夫人の葬儀に際し会葬者の飲んだ葡萄酒は五十一ガロン半に及んだと云う。またそれより僅か十年ほど前のことであるが、ヴァージニア州議会に左の如き法律案が提出されたこともあった。

「牧師教師たるものは飲酒に耽り、カルタ遊び、博奕その他宜しからざる勝負事などをなし、怠慢に時を濫費するを得ず」

またそれ等よりズット後、すなわち一七六九年の十二月四日の『ニューヨークガゼット』に掲載された広告に、

「一年間十二回以上は酔っ払わずして、且よき推薦を有するものを雇いれたし云々」

の如きものもあったとすれば十八世紀頃の社会の状態は如何に頽敗して居ったかが想像さるるのである。而して一面には純潔なるまた熱誠なる宗教的精神は到底この醜状を寛仮《かんか》すること能わずして、彼のカルヴィン派および聖公会派《アングリカン》の信徒等はほとんど狂気の如くに飲酒の罪悪を宣伝し廻わったと云われて居るのは当然の帰結であらねばならぬ。これに加うるに、東部地方の大工業家や西部南部地方の農場主等は、多数の労働者を使用する経験から飲酒の弊害を痛感して居った。微細な注意を必要とする機械などは、飲酒の為めに往々非常な事故を生じたり、農

業者はその仕事の忙しい時に、予定していた農夫等が飲酒に耽溺して集まらなかった為めに、大なる損害を被ったこと一再に止まらなかった。南部地方に在っては、黒人が乱酔して狂暴な挙動をしばしばすることに困らせられたというような事実は禁酒の気運を促進するに与って力あったものと思う。然らば宗教家は悉皆禁酒党であるかというに、決してそうでないのみならず、天主教徒やルーテル派の信者の中には禁酒に対して憤激して居るものさえ尠くない。彼等の中には醸造業者と特殊の関係を有するものすらあるくらいだから致方《いたしかた》ないとして、さて禁酒反対者は如何なる種類の人々かというと、彼等は大都市に多く、上流の富豪から中流の一般人士および下層階級の外国人等である。夜の倶楽部や集会等においては今でも必ず禁酒問題が話頭に上り、出席者の九分通りは、いずれもサルーンの禁止には異議を唱えないが、禁酒令に対しては口を極めて痛罵《つうば》して居るものが多い。殊に外国人は皆各自の国風を変改するを欲せず、法律の干渉なく勝手にその好む所を為さんとする。たとえばイタリア人はキャンティを欲し、ドイツ人は麦酒を好み、アイルランド人はウイスキーを求めて止まぬという風がある。こういう連中は自分等で犯則をやって居るは勿論、禁酒法励行を無効にすべく、誘惑したり教唆したりして居りながら、世間に向かっては、禁酒法の失敗である材料にしつつあるのだから、政府もやりきれない訳であると察せらる。

ジークフリート氏がその著『現代の米国』(America Comes of Age) において、禁酒に関する結論的意見を発表して居るが、恐らくは禁酒法にあまり厚意を持たない批評家中においては最も公平なるものと信ずるを以て、左にこれを紹介することとする。

「然れども余は個人としてこれを観察すれば以上は特殊の人々に就いて云えることで、一般の人士が飲酒することは、何と云っても減少したかに思われる。それは酒価が騰貴して獲難くなったことと、その機会が乏しくなった為めとであろう。密売はあるにはあるが、決して表面には行われぬし、街上には酔漢の隻影だも見えぬ。禁止のためにかえって誘惑は強められたかも知れないが、一般の人はこれが為めに健康を佳良にし、生活程度を増進せしめ、労働の能率は挙がり、賃銀は騰貴した。そは資本家が生産費に著しく無駄を省き得た結果である。而して職工の収入は以前にはきっと酒に抛たれたものが、今や自動車やガソリンやラジオや住宅等に投資され、また貯蓄銀行へも行くのである。近時米国労働者の生活向上は、前古未曾有のことである。これには禁酒が与かって力あることを余は疑わぬのである。資本者側に於いても、一般の購買力増加は、ますますその企業を拡張して収益を大ならしめつつあるのである」

禁酒法実施の経済的価値その他

北米合衆国禁酒令実施後における、著しき富力の増加の原因に就いては、種々なる研究調査が行われて居って、その全部を禁酒の効果に帰せしめんとする極端なる論者もあるが、商務卿フーヴァー氏（Hoover）はその原因として左の

一、主として冗費を省き能率を増進したること
二、科学の著しき進歩
三、管理の方法の改善
四、禁酒令の効果

を挙げて居る。またハーヴァード大学のカーヴァー教授（Prof. Thomas Nixon Carver of Harvard）は

「労働者階級における著しき富の増加を説明するに当たり、禁酒令の効果を無視することは、あたかも何んでも彼でも総ての原因を、禁酒万能に説明せんと試むるものに異ならざるべき

も、吾人は禁酒令が貢献したるものを除外してはこれを説明することは不可能である」
という て居る。恐らくは公平なる観察であるであろう。

たしかに酒は能率に影響するのであって、これまでも幾多精細なる研究調査が行われてあり
ますが、二、三の実例に徴して見ても、一日に僅かビールの二杯乃至四杯くらいを飲んだ影響
だけでも、

一、活版の植字職は八パーセントの低率
二、山地強行進軍の時間は二十三パーセントの増加
三、射的の命中率は三十パーセントの低下

となり、またもし一日に六杯乃至八杯のビールの脳力を使う仕事に及ぼす影響は、二割五分乃
至四割の低下となるという。

イェール大学フィッシャー教授は、禁酒と能率の関係に就いて精細なる調査研究をなしたる
後、北米合衆国は禁酒の効果により、毎年少なくとも六十億ドルの富を増しつつあるとの意見
を公表した。

然るに米国においても我が国に於けるが如く、禁酒に関する幾多の誤解や愚論が繰り返されて居る。これらは格別の価値なきものではあるが参考の資料として左に掲ぐることとしたのである。

1　酒場《サルーン》をなくすることは通貨の流通を阻碍すること

——これはフィッシャー教授が事実の反証を挙げて、一笑に附して居るくらいだから、誰も真面目に相手になって弁駁するものもあるまいと思う。

2　禁酒法の励行監督には多大の費用を要し、かえって不経済なること

——フィッシャー教授の計算に依れば、富の増加年額六十億ドルであるとしたら、当分の間臨時的に要する年額何千万ドルくらいは、数うるに足らぬものである。

3　酒場の附近（多くは都市目貫きの場所にあり）の地価は、禁酒令実施に伴い低下すること。

——ニューヨーク市の実例に徴するも、ブロードウェーその他の場所に在りし三千の酒場は、それぞれレストラン、食料品店、菓子屋、靴店、宝石商、銀行等によって占領

せられ、地価は低下するどころか騰貴した。

4　これまで酒造業者酒屋等に使傭せられて居ったもの多かるべければ、失職者を増すべきこと。

——これもコルラジニ氏の調査によれば、酒に関する業務に使われて居たもの二人に対し、3の如く変化したる商店においては、かえって二人半乃至四人半を要することとなれり。

5　政府の歳入に減少の影響を与うる恐れあること

——これも他の章において説述されてある如く、不生産的なる酒に関する税の収入よりは、禁酒の結果として所得の増加、または為めに増加したる、自動車およびガソリン等よりの、生産的なる税源はかえって増加せり。

叙上の数項は、経済上の立場よりの反対論点と称するものなれども、各項に付いて簡短に説明を加え置きたる通りにして、いわゆる「経済的不条理《エコノミック・ナンセンス》」という没書袋の中に葬るべきものと思う。

何にしろ禁酒法実施後の効果は、著々《ちゃくちゃく》事実に証明せらるるものから、かつては反対を唱えたものも争うべからざる事実に直面しては、翻然その所説を改めたものも決して尠くない。彼の『シアトル・タイムス』の持主兼主筆C・P・ブレトン氏（C. P. Breton）の如きはその最も著しきものの一例である。彼はワシントン州に禁酒法案の提出せられたる時には、大いに反対して謂らく、この法案は経済問題から云うても、社会政策から論じても、共に愚策たるを免れない。都会も地方も共にその影響を受けて、きっと疲弊困憊するに相違あるまいと。然るに禁酒法実施後一年間の成績を見たる彼はたちまち持説を翻して、『タイムス』紙上に左の如く告白したのである。

「犯罪事故はほとんどその半を減じた。従前酒舗に費されたる金額は、生活改善の為めに用いらるるに至った。かつてはアルコールの為めに害用せられたる金額は、今や婦人と小児の生活に要する諸物品購入費に転用せられつつ、随って、これら等の物品を扱う小売店や仲買商は非常に繁昌するに至ったのである。生活改善の結果は労働能率の増進を来すに至った。その著しき実例は製材工場や建築会社や船渠《ドック》等に於いて見ることが出来る。これらの工場に於いては同類の職工を以て三割乃至五割の能率を増すに至ったのである。更に著しいのは怪我傷害の数が禁酒によって約半数を減ずるに至ったことである。思うに禁酒の恩恵は一般の会社、銀行、商店にまでおよび、その就業員の能率を増進したことは、実に多大なことであろう。婦人と小児との生活状態が改善せられ、無数の男子が投獄の憂苦より免れ、その上に労働能率が増進するに至ると云うことは一言せば『世の中が善くなること』でないか。誰かこれに反対するものぞ」。

これかつて禁酒法案に反対して居った有力者の証言である。斯かる事実に基ける証言の数々が、禁酒法を支持して居るものであるから、禁酒法の前途は磐石の上に据えられたものと云うも決して過言ではあるまいと思う。

禁酒法制定に至るまでの経過

憲法を修正して禁酒令を布かんとする最初の動議は一九一三年にオハイオ州に開かれたるAnti《アンティ》 Saloon《サルーン》 League《リーグ》の会合であったと云われて居るが、ずっとその以前から州全体として禁酒令を実施して居ったものはメイン州（一八五一年）カンザス州（一八八〇年）ノースダコタ州（一八八九年）オクラハマ州（一九〇七年）ジョージア州（一九〇八年）ミシシッピー州（一九〇九年）ノースカロライナ州（一九〇九年）テネシー州（一九〇九年）等であって、その他にも、州内の地方的には禁酒を実施して居った処も沢山にあった。故に禁酒の効果は国民一般に確認されて居った素地の上に、叙上の Anti Saloon League を始めとし、婦人基督教禁酒同盟、反アルコール連盟、その他各禁酒会が不断の努力を継続して、宗教家の救霊事業のように一人びとりを目標とするものと、これを法律の力に訴えて、一挙にその目的を達せんとする運動とが、狭撃的に攻め寄せ、また婦人団体の中には、優柔不断にしてわがままなる男子に放任し置かずして、婦人参政権を獲得して同時にこれを成就せんとする側面攻撃もなかなか旺盛になって来た（彼の酒屋連中が頑強なる団結を以て猛烈に婦人参政権に反対したのは全く敵本主義であって、禁酒令の通過を妨害せんとする動機に外ならぬのであった）其処へ欧洲大戦となり、引き続き米国の参戦となり、直ちに困った問題は石炭の欠乏であった。軍需品や各種の武器の製造所は素より造船所や鉄工場等は、非常な速力でその能率を増進せしめなければならぬので、ますます石炭の需要を多からしめたのである。然るに一方では労働者の欠乏も感じて来たので、一時は如何ともする能わざる状態であった。政府は炭礦主等と協議を凝らし、労働者の数を増すことなしに、出来るだけ多くの石炭を得るの途は、労働能率を増加するの外なく、これには飲酒の害を除く外に策なきことを、コロラド州における禁酒法実施後の能率激増の実験から証明され、遂に米国炭礦主組合の決議により禁酒を実行することとなり、また造船業と禁酒の関係となり、また食糧問題となり、遂に彼の戦時食糧管理長たるフーバー氏をして、「北米全国に於いてビールの醸造に供する大麦の全部を以てせば、一年間毎日平均六百万斤のパンを製するを得べし」とまで叫ばしむるに至り、禁酒の気運は頓に促進せられたのである。一九一七年十二月中央議会が憲法第十八回修正に投票しつつあった当時に於いて、禁酒は既に前記八州の外に、ウエストヴァージニア、ニューハンプシャー、ミシガン、インディアナ、アイオワ、アイダホ、コロラド、ユタ、ワシントン、アーカンソー、アラバマ、サウスカロライナ、ヴァージニア、ネブラスカ、サウスダコタ、モンタナ、オレゴン、アリゾナ、ニューメキシコの十九州は、一九一四年より一九一七年までの間に続々実施して居ったのであった。その後オハイオ、ケンタッキー、ワイオミン、ネヴァダ、テキサス、フロリダの六州も一九二〇年までにこれに参加し、一九二〇年憲法第十八回修正が効力を発生せんとするまでには前記三十三州は既に自発的に禁酒を励行した、すなわちカリフォルニアおよびシカゴの西部を除くの外、新教徒《プロテスタント》の勢力範囲に属する南部および西部の諸州は挙がって禁酒したのであったが、一部もしくは大部分が最後まで飲酒して居ったのはマサチューセッツ、コネチカット、ロードアイランド、ニューヨーク、ニュージャージー、ペンシルヴァニア、イリノイ、ミズーリ、ミネソタ、ウィスコンシン、カリフォルニア、ルイジアナ、メリーランド、ヴァーモント、デラウェアの十五州であった（この十五州中最後の二州を除く外は皆天主教、ユダヤ教、ルーテル派が勢力を占めて居る土地であることも注意に価するものと思う）。これより先、一九一七年八月上院は二十票に対する六十五票を以てこれを通過し、十二月十七日下院も百二十八票に対する二百八十二票を以てこれを可決し、遂に十二月十八日両院の連合投票に移って首尾よく三分二以上の多数を贏ち得た。それから十三箇月の後一九一九年一月十六日上院は四分三の多数を以てこの修正案を確定したのであった。

この憲法十八回［条］修正は「飲用の目的に供せらるる酩酊飲料の製造、販売、運搬、輸入、輸出はこれを禁止す」というに止まり、云わば大体方針を示したに過ぎぬようなものであるから、実行上には相当の法律を必要とすることは固より当然の次第である。故に一九一九年十月二十八日に決定した立法委員A・J・ヴォルステッド氏［Andrew Joseph Volstead］の提出にかかる、いわゆるヴォルステッド法《アクト》および一九二一年十一月二十三日のキャンベル・ウィリス法によって完備せられた。前者によると半パーセント以上の酒精分を含有する飲料、すなわち麦酒、サイダー、および葡萄酒は悉く酒精と共にその醸造を禁ぜられ、後者によって麦酒を薬用とすること、および薬用のために葡萄酒、酒精等を輸入することも、甚しい制限を受くるに至ったのである。

如何なる法律でも施行細則の必要あるが如く、憲法において制定した禁酒令もヴォルステッド法が伴わなければ遂にその効果を収めること出来ないはずであるのに、反禁酒の気勢の大部分は皆このヴォルステッド法に集注して攻撃痛罵の鉾尖を向けて居るのである。⑴かかる規定は各州議会の権力に譲って然るべきであるのに、そうしないのは各州の自治権を侵害するものたること⑵かかる小問題を中央にて法律にて発布し、国民にこれが励行を迫れば孔子の所謂《いわゆる》道レ之以レ政《これをみちびくにまつりごとをもってし》。齋レ之以レ刑《これをひとしうするにけいをもってすれども》。民免無レ恥《たみまぬがれてはじなし》。そのままのことであって、国民は法の尊厳を軽視するに至ること。⑶教会の権威を失墜すること。⑷個人の自由をあまりに干渉し拘束すること。と云うが如き旗幟を押し立てて反禁酒党は奮戦しつつあるから、この法律の改廃に関する運命は決して逆睹《ぎゃくと》するを許さざるようなものであるが、しかし米国における禁酒の大勢は随分すばらしいもので、現に今期の大統領選挙に最も有力なる候補者として大立物なる、アルフレッド・スミス氏［Alfred Emanuel Smith］の玉に瑕として惜まれ危ぶまれて居る点は、氏の禁酒反対を標榜せるカトリック教徒であることとされて居る。政治家の社会には「禁酒法修正を標榜して大統領選挙に立候補するものは、あたかも自分の政治家としての葬式に列すると同じである」とまでの流行語があるくらいである。我が国における有力者中にて往々憲法第十八回［条］修正とヴォルステッド法とを混同したり、また二大政党たる共和党と民主党とにおいて、禁酒は共和党の政綱にして、民主党はその反対を声明でもして居るかのように思い違いをして居るものも多いが決してそうでなくして、両政党ともこれを自由問題としたのであって、票決の際において、民主党議員百四十一名、共和党議員百三十一名がこれに賛成し、民主党議員六十四名、共和党議員六十二名が反対の態度を示したのを以て見ても明白なる事実である。

北米合衆国上院立法委員会の報告とフィッシャー教授の『禁酒法の最低評価』

一九二六年四月北米合衆国上院立法委員会が首府ワシントンにおいてヴォルステッド法修正の可否に関し、広く禁酒および反禁酒両方面の意見を徴したる公開査問《ヒアリング》の後に於いて発表したる報告の大要は、

一、我等は一九一九年一月二十九日附国務卿の公布せられたる憲法第十八回〔条〕修正は道徳的には正義であって経済的には賢明なるものと信ず。

一、この憲法修正は我等の基本的律法の一部としてある間は立法、行政、司法の各官吏はその実行を努むべき義務あるものとす。

一、現行ヴォルステッド法の修正緩和の擁護は直接間接に酩酊飲料の製造および販売を幇助することとなり憲法第十八回〔条〕修正の精神に反するものとす。

一、憲法によって与えられたる権力の制限はこれを超越すべきものにあらず。

一、我等は憲法制定の主旨にあらざるものと信ずるを以て全国的一般投票に訴うるの必要を認

めず。

一、我等はヴォルステッド法修正に関する決議案および法律案等は無期延期とすべきものと思推す。

前記の如き評決は米国における立法機関の意志のある処を推知するに難くないのである。またイェール大学フィッシャー教授はその著『禁酒法の最低評価』(“Prohibition at its worst”)においてその結論として、

1、励行不完全なる現状はこのままにして放任し置くを許さず。どうしてもこれを矯正せざるべからず。

2、現状は反対側の過大に宣伝して居るほど甚しきものにあらず。我等が究極的にこれを矯正するならば、一方には禁酒法の効果は段々顕われて来ると同時に、違犯者は自然に減少するであろう。

3、禁酒の効果は既に実現せられ、現に金銭上に積り得る数字としても年額六十億ドル以上の富を増しつつあることをも知らざるべからず。

4、我等人間として天賦の機能を十分に発揮して生活の快楽を全うすべき真正の「個人の自由《パーソナルリバーティー》」は禁酒によりてこそ増進するを得べし。

5、反対者の希望するアルコール分の少なき葡萄酒類《ライトワインス》およびビールの飲用を許すことは憲法の修正をなすにあらざれば出来ない相談なり。

6、斯かる憲法修正は通過不可能なり。

7、反対党の運動によって羸ち得る処のものは、唯だ禁酒法取締の効力を弛緩するか、あるいは無効にするに止まり、しかのみならず、かえって彼等が心配して居る、いわゆる「法律の権威を軽視する観念」を助長することになるべし。

8、故にどうしても徹底的励行を努むるの外他に完全なる解決策なかるべし。

9、禁酒法がもたらしたる争うべからざる事実上の好果も顕著なることなれば、特には教育の力も仮りてこれが励行を期し、その目的を達せざるべからず。

これを要するに、一旦憲法にて制定せられたる以上は、これを改廃せんとするには上下両院共に三分二以上の多数の協賛を得て、更に四十八州の三分二以上の批准を必要とするものなれば事実上不可能のことに属するものと云べく、而してこれに基きて発布せられたる、反対党が最も多く批難して居るヴォルステッド法（百分中二分一のアルコール以上を含有するものを酩酊飲料とすという）の改廃もその根本法たる憲法第十八回〔条〕修正の精神およびその権力に些の障害を与えずしては不可能なる企図なりとすれば、立法行為としても成功の見込なきのみならず、一方には、年を累ぬるに従い、禁酒法の効果は衛生的に経済的に社会的に事実上に証明せられ実顕せられつつあるとなれば、禁酒法はいつまでも米国を祝福しつつ存在するものと信ず。

人口問題と禁酒（その一）

ジェームス・ブライス［James Bryce］は「吾等がもし戦争を破壊しないならば戦争が吾等を破壊するであろう」と云うたが、私は「吾等がもし人口問題を解決しないならば人口問題が吾等を解決するであろう」と云いたいのである。たしかに吾等は今においてこの問題の真諦に触れたる理解を有し、その根本的対策を研究して国是を確立して置かなければ、我が国は遂にこの問題のために衰亡の非運を見るに至るであろう。今や人口問題がようやく朝野の間に喧しくなって来たのは遅蒔《おそまき》ながら当然であらねばならぬ。而して今より百年前まで、すなわちトマス・マルサス［Thomas Robert Malthus］が『人口論』を公にするまでは、各国共にこの問題を問題とも思わず、唯だ宗教的教育の影響により、人類はこの地上に「生めよ殖えよ」との神の命《めい》のままに増殖すべきものであって、未だかつて食糧との関係において心配したことはなかったのであった。然るにマルサスは当時の迷夢を呼び覚まして、各国がこの問題と植民政策との関係を講究するようにもなり、段々真剣味を帯びて来たのである。

然るに此処にまた不思議な現象もある、すなわち仏国の人口減少に対する憂慮である。紀元一七八九年頃には二千六百万の人口を有する仏国が欧洲第一の強大国であったのが、その後百年も経たない間に第四番目に下って仕舞った。而してその後も依然として増殖の割合は減退しつつ、一九二三年に政府筋の発表に拠れば、当時の人口三千九百万にして一九四〇年には三千五百万となり、一九五〇年には二千五百万に下り二〇〇〇年（今より七十三年後）には事実上消滅することになるであろうと。それあるいは然らんと思わしむることは、一八〇〇年には一家の子供平均四人半であったのが段々減退して一九二三年には一人七分となったという事実に徴しても推定さるる次第で、随分悲惨なことと云わなければならぬ。これに対して当局の苦心は固より民間においても人口増加全国連盟：（L'Alliance Nationale pour l' accroissement de la population）の如き会員数百万人を有する大組織もあって多大の努力を払って居るのである。そうしてまた一九二〇年五月二十六日附の大統領令を以て「仏国家族賞牌」とでも称すべき勲章を作った。この勲章には三等の階級があって、五人以上の子供を有する時は銅牌八人以上は銀牌十人以上は金牌をその母たるものに与うるのである。この勲章条令の如きものは仏国において大戦後の人口増殖策としては子供だまかし見たようなものではあるが、苦心の極かかる点にまで当局の留意が行き届いて居る一例をお話したに過ぎないのである。

而して仏国人口増加全国連盟においては（一）大家族の課税を減ずること（二）大家族の相続税を減ずること（三）遺言書の自由を許すこと（これはナポレオン法によれば親の遺産は子供にほとんど等分に近き分配を余儀なくする故、土地を分割し農夫をその土地から追放する結果になるので、アウバタン氏の到達した結論によればこの法が人口を減少せしめつつあるのだと批難して居る。故にこれに自由を与えてその弊より救済せんとするのである）。（四）大家族へ賞金または報酬を与うること（五）大家族を安価なる住宅に容易に住ましむること（六）大家族へ特典を与うること（たとえば汽車賃の割引の如きもの）（七）大家族へ増俸を与うること（八）大家族の戸主に多数投票権を与うること等の数項の綱領を掲げて運動して居り、既にその中の幾項目かはその目的を達して居るにも拘らず、人口減少の傾向は何等影響が受けないようである。

エリクール〔J. Miall Bernard Hericourt〕博士はその著『社会疾患』（Les maladies des Sociétés）において仏国人口減少の原因を⑴結核⑵アルコール中毒⑶黴毒⑷不妊症の四項に分かち詳説し、なかんずくアルコール中毒と黴毒とに重きを置いて居るのであるが、朝野の覚醒と努力とが果たしてどれだけの効果を奏するかどうかはすこぶる疑問視されて居る。

仏国とは全然反対の立場にあるは我が国の人口問題にして、年々増殖しつつあることに頭を悩まして居るとは、仏国のそれに比すれば寧ろ贅沢と云わねばならぬくらいである。我が国の人口は全世界の二十何分一にして面積はその二百何十分一であるから、直ちに人口の密度如何を知るに難からざる次第であるが、更にこれをその可耕地面積六百二十万ヘクタール（一ヘクタールは約我が一町歩）に割り当てれば百ヘクタールに付き九百五十人四分という驚くべき密度であって、彼のカナダ、アルゼンチン、オーストラリア、北米合衆国等に比すればその十五倍乃至三十倍に相当するのである。幼年の頃地理の本で「田毎の月」という名勝をウカウカと教えられて居ったが、今にしてこれを想い起こせば我が国の人口問題食糧問題は早くもすでに名勝地を作ったともいい得べくある。先年支那の視察員が我が国の土地の急傾斜地でも山腹でも、いやしくも可耕し得らるる処は皆開拓しあるを見て帰り報じて曰く「耕して山巓に至る国土の貧知るべきなり」と。如何にも事実その通にして御尤千万であるが、人口問題の悲哀を語るべき題目とならずして明月《めいげつ》に言寄せて文人墨客の詩嚢《しのう》を充たしむるに止めて顧みなかったとは、随分迂潤な話と云わねばならぬ。而して今日になって急に騒ぎ立てていやしくも政党としてはその政綱にこの問題を掲げざれば外聞が悪いくらいになったのである。故に今の政治家でも、経済学者でも社会学者でも、口を開けば皆この問題を云為するのは無理からぬ次第であるが、唯この場合不思議な感に打たるるものは無学のいわゆる政治家流などにもあり勝ちのことであるが、何故に人口問題がそう心配になるのかと聞いて見ると「そうじゃないか、一年に七十何万人ずつ増して来ては、もう五十年も立てば一億五、六千万となり更に増して二億三億四億となってきた日には、今ですら不足を告げつつある食糧問題は、到底解決の見込みは立つはずがない、悲観せざるを得ないではないか」云々。私はかかる単純なる軽忽なる意見を耳にする度毎に、世の中というものはこんな人達によって運転されて行くものかナーと甚だ心細く感ずるのである。

人口問題と禁酒（その二）

なるほど一昨々年は九十万以上昨年も百万近くも増殖したには相違なかろうが、我が国の増殖率は今や逓加的曲線を画きつつあるであろうかと統計書を繙て見れば、あるいは逓減的曲線中にあるものなるを疑わしむるものあるのである。すなわち明治の初年より大正二年の八十四万の増加までは漸次逓加しつつありしものが、その後逓減的傾向を示し、現に大正七年頃には三十三万人に激減したる年すらあったのである。もし大正二年に八十四万の頂点に達したとすれば、それより十三年も経たる大正十五年頃においては少なくとも弐百万を算せざるべからざるに、それが九十万台とありては増加率は寧ろ大正二年を画して下り坂に向かいつつあるという学者の説を否認することは出来ないようにも思わる。ある雑誌に稲垣［乙丙《おとへい》］博士の所説なるものを見るに、我が国の人口は今より二百七十六年後にして始めて一億に達し、段々増加率は減少して一億五百万に至りて止むものとしてある。またレイモンド・パール博士(Raymond Pearl) の著『生物学より見たる人口問題』の中にも同博士の綿密なる研究調査によれば人口は食物との関係において生物学的には限りなく増殖するものにあらずして、その増加率は抛物《ほうぶつ》曲線を画くものとしてある。稲垣博士の説は各国の統計を基礎としてこれを研究し、それより一種の法則的算式を見出されたるものの如く、パール博士は微生物の培養によりて到達せられたる結果なるが如くなるも、二つながら我が国の人口問題に当てはめてその正確なるを保証し得べきものなるやは、しばらく疑問の中に置かねばならぬようにも考えらるるのである。如何となれば目下我が国の人口増殖率が何故に下り坂になりつつあるかといい、内容を調査して見ると、明治の初年より今年に至るまで生産率は依然として増進の曲線を画き居るのではあるが、同時に死亡率が著しく増加して来たが為めに結局増殖率が逓減の傾向を見つつあるのである。而してその死亡率中の最も著しきものは乳児の死亡数にして、世界文明国中においては他にその比を見ざるほどの高率を示し、ニュージーランド、ノルウェー、北米合衆国等は百人に付き四人乃至七人くらいなるに、我が国にては十六人内外である。而して欧米各国にては四十五年前結核菌の発見以来あるいは半減し、あるいは三分一に減じて居るのに、独り我が国だけは年と共に増加の傾向ありというに至ってはまた何をか云わんやである。とにかく死亡率の多大なる故を以て増殖率が下向の曲線となるのでありとすれば、社会改善的施設の実行を見るに至らば我が国もまた欧米各国（ことに米国の如きは七年前の禁酒令実施の結果は著しく乳児の死亡率を減少したる事実あり）の如く死亡率を減少し得べきは疑いを容れざる処であって、人口増殖率は依然上向しつつあるようになし能うやもはかり難いからである。

国家の見地よりしては天然資源の豊富と人口の多数とは両つながら存立上の要件にして、人口の増加は悲観するよりも寧ろこれを望まなければならぬものである。唯だ如何にしてこれに食糧を供すべきか、これに住居を与うべきかの問題を講究すれば足りるのである。これには楽観論者もあれば悲観論者もあるが、昨年の東京日日新聞紙上に矢野龍渓先生の「人口の増加恐るるに足らず」という意見を読んだ。それによればドシドシ外国移民を奨励して差し支えないはずである、然るに到る処に排日の気勢を煽らるるのは畢竟日本人には一種の悪い癖があるからである、すなわち外国で働いて僅かの小金でも出来ると直ぐに土地を手に入れたがるものから、何か野心でもあるかの如くに考えられ排斥せらるるのである、もし単に雇傭人となって月給生活に甘んずるならば彼我共に利害の衝突の起こるべきはずなくして随所に可ならざるなく歓迎せらるるに至るであろう云々。これたしかに一面の真理を語るものなれども、そう容易くは楽観を許さないのである。それは近時人種問題の傾向を察するに、曩には人種は主として人類学の見地よりして、あるいは三種あるいは五種あるいは八種に区別して居ったものが、この頃では彼のスタッダードやワルラスの如きは有色《カラード》、白色《ホワイト》の二種に分かつに過ぎず、これ果たして何を意味するとなすか。明らかに政治的色彩を加味したるものにして、何等人類学的要素を含まざるものと云わなければならぬ。もし排日問題の根本においてかかる人種的偏見が加味されてありとすれば、土地を獲得することなしに俸給生活に甘んじて居れば直ちに解決すべきほどの浅薄なる問題ではないように思わるるのである。またある時報知新聞の社説に掲げたる「人口問題とその対策」なるものを見るに、これはまた徒らにこれを対外的に求めずして寧ろこれを対内的に解決し得べしという議論にして、すなわち大正十二年には三万三千五百町歩の耕地拡張せられたるも、同年内には五万二百町歩の荒廃せられたるものありて差し引き、かえって一万六千町歩の減少となれり。これらの矛盾的現象は須らくこれを調整すべきものたるは申すまでもなき話なれども、それにしても全国内における未開可耕地面積は二百万町歩を算するに過ぎずとせば、其処にも制限あるを免れざるべし。寧ろ食糧の国内自給自足の方針に拘泥せずして、彼の英国の如く食糧を外国より仰ぐも内商工業の振作に努めなば何等差し支えなきにあらずやとて、産業立国論を鼓吹し居るものである。これ至極もっともなる議論にして異議を挿む処なしといえども、大正八年以来輸入超過に次ぐに超過を以てし、いずれの時に至らばその不均衡を回復し得べきか、更にその曙光を見出し兼ねて居る現況においては、ここに吾等が人口問題解決の鑰《かぎ》を握りたりとも断言し得ざる処であると思う。ここにまた人口問題に関して全然別働隊的に解決を企てつつあるものがある。すなわち産児制限《バース・コントロール》問題これなりである。ある先輩の如きはこれを以て人口問題の解決は固より、農村振興策の第一義とまで絶叫しつつありとは驚くべく悲しむべき次第というべしである。これ彼のドライスデール［George Drysdale］一派の「小家族主義《スモール・ファミリー・システム》」の追随者たるべきも、産児制限は［セオドア・］ルーズヴェルトの「人種的自殺」であり、ビール［Octavius Charles Beale］の「人種的衰退《レイシャル・ディケイ》」を意味するものであって、現に英国のビサンド［Annie Wood Besant］夫人の如きは新マルサス協会の創立者たりしが、一旦その非を悟るや断然その著書を絶版にし、産児制限の害毒を宣言して反対にその撲滅に努力しつつありという。なるほど理窟上からはこれに依って男女間の清潔、家庭の愉快、個人の幸福、社会の健全を保つというのであって、如何にももっとも千万のようではあるが、露骨に云えば各人が思うがままに情欲を逞《たくまし》うして、その結果だけから免れようという実に得手勝手な話であり、換言すれば人間が造物主の向こうを張って浅薄なる知識や力を以てこれに競争を試みんとしつつあるのであって、その勝敗の数は予め知るべきのみであるが、既にその行われて居る社会の実状を知らば物質的方面にまた精神的方面に如何なる悪結果を見つつあるやを知らば、思い半ばに過ぐるものがあろう。蓋《けだ》し産児制限は何も今日遽《にわ》かに発見されたる方法にあらずして、昔ギリシア、ローマの社会においても盛んに行われたる悪風俗であった歴史を繙て見るがよい。エッフェルの言う処によれば、現今行われて居る方法は約百二十八種もあるとのことなれば、その中には方法それ自身には研究し尽されて科学的に無害を主張し得べきものもあろう。しかし吾等の心配する処のものはその数の増加を防ぐよりはその質の不良なるを恐るるのであって、而して不思議にも此処に貨幣界の原則たるグレシャム・ローが適用せられて、産児制限法はあたかも悪種は良種を駆逐すという事実を証明しつつありというに至っては、ルーズヴェルトと共に人種の自殺にあらずして何ぞやと叫びたいのである。

人口問題と禁酒（その三）

これを要するに人口問題の解決は、「徒にその増殖を憂うるにあらずして、その質の優良なるものならんには、国家としても民族としても、かえってこれを歓迎すべきであって、その質の退化こそは、真面目に憂うべく恐るべきことに属するのである。而して如何にしてその質を優良にすべきかは、優生学《ユージエニックス》の本領に帰すべきものでもあるが、此処に人口問題解決の鍵があると思うのである。

人口問題に対しては悲観論と楽観論の二種ありといえども、更にその内容に立ち入れば積極主義と消極主義とに分ち得るのである。すなわち彼のパール等の言う如く食糧との関係もあれば、そう無暗矢鱈《むやみやたら》に増殖するものでない。我が国としては数百年後に於ける一億に対する準備をして、あるいは北海道に、あるいは台湾に、あるいは朝鮮に産米増殖の計画を着々進行して置けばそれにて差し支えなからんとなすもの、また産児制限によりてその激増を制限せんとするもの（公娼制度を以て一種の人口問題解決策となす物質万能論者ありと聞くに至っては噴飯に価すべき暴論と云わねばならぬ）等は消極主義に属するものにして、（一）広く海外に移民して排日の因となるべき行為を慎み、その国の環境に順応して行けば過剰人口を移殖し得て何等差し支えなきこと。（二）これを対外的に求むるを止め、産業立国の上に立って、対内的に解決するものなるを以て、人口の増加は多々益弁ずること。等は積極主義となすべきものならんが、その消極策が就いては前段に於いて、ほぼその梗概を批評し尽したるを以て（一）および（二）の二項の積極策に対し、いささか意見を加えんとするのである。（一）論者の云うが如く、そう雑作もなく片附け得れば結構であるが、今日到る処に排日の行わるるは各地それぞれの事情もあれど概括すれば

一、人種的および民族的差違偏見より生ずる原因

二、政治的および経済的競争より生ずる原因

に外ならぬものと思うが故に、その国に於いて尺寸の土地所有を云為せざるも、既に工業上、商業上に優越なる地位を占有し、その力あなどるべからざるものあるに至らば、直に

排日の因をなすのであって、曩にカナダの総理大臣マッケンジー・キング［William Lyon Mackenzie King］やニュージーランドの総理大臣マッセー［William Ferguson Massey］およびオーストラリア総理大臣ブルース［Stanley Melbourne Bruce］の三人が、時を異にし処を異にして排日問題に就いて弁明する処を見るに、不思議にも異口同音に「これ決して人種的原因より生ずる偏見にあらずして全然経済問題なり」というといえども、帰する処は（一）工業の標準（二）生活の方法（三）習慣風俗等を異にする上に（四）白人種の職業を奪うからであると思う。

風俗、宗教、生活の理想等が、その国民の文明を構成するものであるとすれば、取りも直さず一括して人種問題その自身であるということも出来るではないか。いわゆる外交的辞柄によりては何等の真相を見出すことは出来ないと思うが故に、日本労働者等と直面して居る、彼等の言う処を聞いて見るがよい。中には観察を過って居る部分もあれど、まず米国側では

その一　経済的理由としては

（イ）日本移民は白人種と競争してその職業を奪い、これを駆逐したる後においては同盟し

て賃銀の値上を要求する好ましからざる移民。
（ロ）日本移民は廉《やす》い賃銀で働き、不養生不衛生を意とせず、仕事の標準と生活の程度を下落せしむる好ましからざる労働者。
（ハ）日本移民は余りに企業野心強く、白人種の事業に侵入してこれが敵となり、終いにこれを駆逐する好ましからざる企業家。
（ニ）日本人は米国の富を日本に奪い去り、何等米国に貢献せざる好ましからぬ在住者。
（ホ）日本人は自国人のみに労働商売の機会を与え、他国人にはこれを与えざる党派根性強き好ましからぬ同業者。
その二　道徳的理由としては
（イ）日本人は契約後義務の重んずべきを知らず、農園収穫期の最も大切なる時に約束を無視して賃銀の値上要求ストライキまた契約を破棄するが如きことを何とも思わぬ。
（ロ）日本人は男女間の道徳観念を欠き、甚しきに至っては男子はその妻に淫売させて何とも思わぬ。

（ハ）日本人は復仇的であって、何事にも立腹し易く、営業や労働の機会を与えぬものに対し危害を加えんとする恐ろしい人種である。
（ニ）日本人は痼疾的《こしつてき》賭博者であり、賭博は彼等の最大なる娯楽の如く考えて居る。
（ホ）日本人の金銭に関する観念は甚だ不信用で、この点においては支那人よりも更に劣等である。

その三　社会的人種的理由としては
（イ）日本人はその風俗習慣を異にし、所詮米国の社会には同化しない。日本人が形式的に同化をなしつつある如く見えて居るは何等かの目的のためにして居ることが多い。
（ロ）皮膚の黄白の相違は取りも直さず心理、社会、文明の相違を伴い来るものであるから日本人の混合は相互の為めに有害である。
（ハ）日本人と米国人との国民性の間には全然理解が不可能なるほどの相違点を持って居る。日本人が喜怒色に表わさざるが如き一種不可思議的神秘的な性癖を有して居るなどもその一例である。

（二）日本人はその居住する地方の社会制度に何等興味も交渉もない。
而して彼のマクラッチー［McClatchy 米国の新聞］の如きは、口を極めて「東洋のドイツ」と罵倒し、また或る米国の悪口家は「日本人に横浜とサンフランシスコ間の架橋を請負わんかと問わば直ちに快諾するであろう」などと云うて居る。しかしながら欧洲大戦に米国が参加したる際には軍人として欧洲戦線に出動したりあるいは自由公債《リバティー・ボンド》に応募したりして、在留日本人が如何に米国に忠誠を尽したりしかは心ある人々の称賛を博し排日的気勢を緩和したりしは事実なりといえども、人間社会は生存競争《ストラグル・フォー・エグジステンス》に止まらずしてニーチェのいわゆる勢力競争《ストラグル・フォー・パワー》をやって居るのであるとすれば、排日問題もなかなか簡短《かんたん》なる問題でないことだけは能く了解して居らねばならぬ。現に理解ある多くの米国人も排日はつまり「恐怖と危懼《フィアー・アンド・アップレヘンション》」から来るのであると申して居ることに依っても解かるのである。

日本人の楽土と云われて居る南米ブラジルあたりでも、日本人を目してすでに「南米の癌」などいう異名を被らして居るし、また同文同種の支那に於いてすらあのように排日熱が、まだなかなか蔓って居る処から考えて見ても、人口問題はこれを対外的に解決するなどの見込はそう簡短に行かないものと諦らめねばならぬように思わる。

人口問題と禁酒（その四）

然らばこれを対外的に求むるを止め、産業立国の主義を採り対内的に解決し得べきものなるやというに、これまたすこぶる困難なりと答うるの外なし。如何となれば前述の如く大蔵当局の発表する処によるも、大正八年より大正十三年までの輸入超過額実に二十七億何千万円、この逆調は今なお回復の見込みなく、而して貿易表以外の国際貸借は僅かに六、七千万円に過ぎないとして見れば、我が国としては経済上由々しき欠陥を受けて居るのである。この経済上の行き詰まりを打開し行くの道は、是非とも産業を盛んにし、国産品を愛用し、輸入品の需用を減少しなければならぬのである。英国でも国産品購買週間《エンパイア・ショッピング・ウィーク》なるものを拵えて、頻りに自国製品を使うべく奨励して居るから、我が国でもこれに倣うて、大いにこの方針を採用するがよいと思う。現にこの目的において組織せられたる一、二の団体協会の如きものの出来たことは結構のことである。然るに我が国における市場の状態を見るに、以前までは舶来品とは値段は高い代わりに品物はよい。和製品とは安い代わりに悪いということになって居ったのであったが、今日では主客顚倒して「安くてよいものは舶来品、悪くて高いものが和製品」ということになったから、何程自国品愛用を奨励しても効果がなく、現に日本人しか使用しない雨傘、下駄、楊枝、蝿打の類に至るまで舶来品に圧倒されて居るということは世間周知の事実である。私は一昨年後藤子爵と共に紀州に行った時、有名なる木材の産地新宮にて製材所を見物したが、其処で製材して居る木材は紀州産のものよりは主として米松《よねまつ》を取扱って居った。何故に手の届くような処にあるものによらずして幾千マイルも遠くから取り寄せてこれを製材して居るのであるかと問うて見ると、その方が算盤に合うからだという。大和の吉野はこれまた杉の産地である。昨年の春同地を旅行して帰って来た友人の話に、吉野に新しき宿屋が出来たが、その建築には吉野杉を使わずして全部米松を用いられてあったという。この状勢にして底止する処を知らずんば日本の前途はどうなるであろうか。田中首相等は在野当時より産業立国主義を政綱として居られたが、国土狭隘人口過剰の我が国としては自然の帰結として、これを国是としなければならぬことは首相の絶叫を待つまでもないことである。然らば如何にこれを具体化して目下経済の危機を救済すべきやというに、二十四億円の輸入品目中鉄などを始めとして出来るだけ輸入を防止しなければならぬが、さてそれをするには多大の資本を要する訳になる今日我が国では十億円の準備を以て十三億の紙幣を発行流通せしめて居る。これを米国の割合に比すれば日本の方が少し悪いようであるが、欧洲諸国の標準にすれば、二十億円までの紙幣を発行してもよいのである。この差額七億円を資本として工業を興したらば輸入額の半数十二億円くらいまで防止することが出来るであろうという考えを持って居らるるようである。この方針はたしかに結構には相違ないが、さて資本があって材料がありさえすればそれで商工業は盛んになるかというに決してそう簡単には行かない。これは戦時非常の場合であったかは知らぬが、欧洲大戦当時欧洲の生産力が減退して我が国の品物が盛んに世界の市場に歓迎せられた時、シャツの釦を糊づけにしたり、鉛筆の心を後先のみにし中央に入れないで見たり、鑵詰物の中に石を入れて輸出したりしたことがあったではないか。それかあらぬか政府の視察員が帰朝の復命に南洋辺では「手前共の店では日本品は一切売り捌き不申候《もうさずそうろう》」という掲示を出して、その店の信用あることの看板にして居るものすらあるという話である。更にまたどうしてそう品質が悪くて価格が高いかという理由の一例として、我が国においては生産工業の基本的意義を有する石炭（「酒のなる木」の章参照）が高いのである。満洲辺で働いて居る支那の苦力《クーリー》の採掘高に比較してまたその賃銀の多寡に割り当てて見ると日本の山元における炭価は支那の五、六倍にも向かうのであるとしたらば、日本の製品が悪くて高くなるのはあまりに当然のことではあるまいか。国内においてすら然りとすれば海外の市場に輸贏を争うなどは以ての外の話と言わねばならぬ。いつぞや渋沢子や阪谷男等が、我が輸出品の粗製濫造を憤慨して鑵詰物の中には、何よりも先きに道徳を詰めねばならぬと絶叫せられたが、さてその道徳も「おあいにく様、ただ今ちょっと持ち合わせがございません」という有様でありとすれば、産業立国主義の実現も、従って、これに依って人口問題の解決なども、前途なお遼遠なりというよりはまず見込みのないという話であるまいか。

人口問題と禁酒（その五）

前にも述べたる如く、人口問題解決の要諦は、徒にその数の増加を恐れて、これを防遏せんとするにあらずして、その質の退化を防止すべく、進んでこれを優良にすべく留意努力することにあるのであるとして、ここに禁酒問題を持ち出したらば、定めて薮《やぶ》から棒のように感ぜらるるであろうが、決してそうでないと考うるものである。如何となれば（1）さなきだに不足して居る食糧米を毎年酒のために五、六百万石ずつ消費して居るではないか（2）さなきだに貧乏なる我が国の富を毎年十五億円ずつ酒のために棄てて居るではないかと、これしきの簡単な話をしただけでも直ぐにピンと頭に来るはずである。大谷光瑞師の云われたように「食わざれば死する処の米を以て飲まざるも死さざる酒を造るとは不合理の最も甚しきもの」であって、今日政府当局が北海道に朝鮮に多大の金をかけて十数年を期して産米増殖の奨励をして居られるが、米国のように法律一本出して禁酒令を布いたら直ぐ来年からでも五、六百万石の米は浮いて来るのである。十五億円の金は出て来るのである。我が国の悩みとしておる国債も四年を出でずして全部償還出来るのである。五十余年を費して敷設した全国の鉄道も二年に一遍ずつ架けられるのである。年に五億やそこらの輸入超過などは何等憂うるに足らぬのである。それこそ英国のように食糧の不足はこれを国外に求むる余裕綽々《しゃくしゃく》たるものがあるのである。我が国民の食糧米全部を買うとしてもが十八億円でしかないではないか（仮りに一石三十円年額六千万石として）、十五億万円と一口には云うが恐らくは誰でも持ったことも見たこともあるまい。私は学校の子供等に話して聞かせる便宜にこれを一円札で積んだらどのくらいの高さになるかと計算して見たら一万二千尺の富士山が五十出来るのである。もし銀行書記がこの札を勘定するとすると二十歳の時に雇われて古稀の祝をするまでかかるという話だ。これだけの金を毎年無駄にして行ってるとは馬鹿馬鹿しいことには相違ないが、しかしこれを以てはあるいは有識者を首肯《しゅこう》せしむることは出来ないかも知れない。私の憂うる処も単にこの数字上の問題ばかりではないのである。昔ギリシアの哲人ディオゲネス［Diogenes］が大杯に酒を盛られて与えられたら彼は直ちにこれを地上にあけてしまった。傍に人あり何故にかかる無駄なことをなさるかと問うた。彼は「自分は今酒だけを無駄にしたのである。もしこれを飲めば酒と身体と二つながら無駄にするであろう」と答えたという。私も我が国如何に貧弱なりといえども年に十五億万円の金だけの問題でありとすればまだしもであるが、吾等国民の現在ならびに将来に渉りてこの大切なる身体ならびにその精神を害しつつ遂に大和民族の退化衰亡を意味するに至るからである。

帝国大学教授松浦および林両博士等は最も熱心なる酒害の力説者であって、酒が人体に無害なる分量は〇、〇〇〇であるとまで極論されて居る。また薬物学的研究によれば酒害の最恐るべき理由は、他の毒薬はまず以て四肢あるいは内臓を侵して、最後にあらざれば脳の高級中枢を侵さないが、酒害はあたかもその順序を顚倒して最初に脳に働くのであって、この侵害されたる判断力を以て事物に対することであると云われて居る。国家国民に関する重大なる問題は、固より禁酒ばかりではないことは勿論であるが、しかし禁酒問題ほど、手っ取り早く徹底的に効果の顕著なるものはあるまいと申すことが出来るのである。

斯くしてもし吾等が酒の害毒を排除し吾等の心身の健康を増進して優良なる民族たるを得ば、ここに産業立国の基礎を確立し、始めて人口問題の解決を見るに到るべきを信ずるのである。

[著者]：長尾 半平（ながお・はんぺい、1865 − 1936）

日本禁酒同盟（日本国民禁酒同盟）第二代および第四代会長。土木技術者、鉄道技術者、教育者、政治家、実業家、俳人。帝国大学工科大学土木工学科を卒業後、内務省に入省。土木監督所に勤務の後、山形県および埼玉県土木課長を経て、台湾総督府民政部土木課長に就任。港湾調査のために渡欧時、夏目漱石と同じロンドンの下宿で過ごす。帰台後は基隆港湾局技師を経て土木局長心得に就任。後藤新平の招きで鉄道省に移籍し、鉄道院技師に転任。鉄道院業務調査会会議副委員長を経て鉄道博物館掛長となり、交通博物館設立に尽力。鉄道院管理部長、九州・中部各鉄道管理局長、鉄道省理事を経て、西シベリア鉄道国際管理委員会副委員長に就任。その後東京市電気局長を務めた後、衆議院議員。長尾奨学金を創設、教文館初代会長、和光学園園長、明治学院理事、東京女子大学副学長など歴任しながら麻薬中毒者救護会理事なども務めた。

[編者]：日高 彪（ひだか・たけし）
昭和 44 年 5 月 28 日、名古屋市に生まれる。文学・歴史研究家。東海中学・東海高校（浄土宗）に学ぶ。平成 6 年 3 月、早稲田大学第一文学部文学科日本文学専修卒業。出版社勤務を経て現在に至る。

日本《にほん》禁酒《きんしゅ》・断酒《だんしゅ》・排酒《はいしゅ》運動《うんどう》叢書《そうしょ》　5

禁《きん》酒《しゅ》叢《そう》話《わ》

平成 30 年 3 月 16 日初版第一刷発行
著　者：長尾《ながお》半平《はんぺい》
編　者：日高《ひだか》　彪《たけし》
発行者：中野　淳
発行所：株式会社 慧文社《けいぶんしゃ》
〒 174-0063
東京都板橋区前野町 4-49-3
〈TEL〉 03-5392-6069
〈FAX〉 03-5392-6078
E-mail:info@keibunsha.jp
http://www.keibunsha.jp/
印刷所：慧文社印刷部
製本所：東和製本株式会社
ISBN978-4-86330-184-9